¿QUE DICE LA BIBLIA ACERCA DEL SEXO?

¡Sexo…! Todos hablan de ello; sin embargo, muchas personas no pueden tener una abierta y honesta conversación sobre este tema sin sentirse incómodas. Y si se te ocurre incluir a Dios en esa discusión, con mucha frecuencia la gente se sentirá aún peor. Para muchos resulta difícil de creer que a Dios le importe esta faceta de sus vidas, mientras otros rechazan lo que perciben como una intromisión en su vida privada. Y es muy probable que tú mismo estés incluido en el grupo de quienes consideran su comportamiento sexual como un asunto completamente independiente de la fe.

Conforme nuestra cultura se vuelve cada vez más obsesionada con el sexo, surgen nuevos y numerosos malentendidos respecto a este tema; dejando a la gente——tanto dentro como fuera de la iglesia, confundida y planteándose preguntas como…

- *¿Por qué Dios odia el sexo?*

- *¿Realmente importa cómo decida expresarme sexualmente?*

- *Todo lo que hagamos estará bien, siempre y cuando nos amemos, ¿verdad?*

- *Si lo que hacemos está bien cuando hay amor, ¿por qué a veces me siento culpable?*

- *Respecto al sexo, ¿qué significa "llegar demasiado lejos" cuando no estamos casados?*

En Su Palabra, Dios tiene mucho que decir acerca del sexo, tanto dentro como fuera del matrimonio. Pero eso no es todo, pues seguro te sorprenderá saber que Él no está en contra del sexo; al contrario, Dios creó el sexo y lo valora tanto que quiere ayudarnos a tratarlo apropiadamente.

Juntos dedicaremos las seis siguientes semanas a observar lo que el Diseñador del sexo dice acerca de Su propósito para este regalo invaluable.

PRIMERA SEMANA

Mucha gente piensa que el sexo es una necesidad física que debe ser satisfecha igual que la necesidad de alimento y agua. Consideran el sexo como otro simple "apetito animal" que debe ser satisfecho, sin otorgarle ningún significado espiritual más profundo. Por esta razón, juntos veremos en esta lección el verdadero origen del sexo, quién lo inventó, por qué fue creado y qué límites –de haberlos– fueron diseñados para protegerlo.

OBSERVA

Vayamos al principio, a Génesis, el primer libro de la Biblia, y veamos lo que Dios dice acerca de la primera unión entre un hombre y una mujer.

Líder: Lee en voz alta Génesis 1:25-28. Pide al grupo que diga en voz alta y...

• *Marque toda referencia a **Dios**, incluyendo los pronombres como **Nuestra** y **Suya**, con un triángulo como éste:* △

• *Dibuje un rectángulo* ☐ *alrededor de cada referencia a **hombre**; incluyendo sus pronombres **lo**, **los** y **les**.*

A medida que se lea el texto, resulta muy útil pedir al grupo que diga las palabras clave en voz alta al marcarlas. Así podrán estar seguros de haber marcado todas las referencias a la palabra; incluyendo las palabras o frases sinónimas. Hagan esto a lo largo de todo el estudio.

Génesis 1:25-28

²⁵ Dios hizo las bestias de la tierra según su especie, y el ganado según su especie, y todo lo que se arrastra sobre la tierra según su especie. Y Dios vio que *era* bueno.

²⁶ Y dijo Dios (Padre, Hijo y Espíritu Santo): "Hagamos al hombre a Nuestra imagen, conforme a Nuestra semejanza; y ejerza dominio sobre los peces del mar, sobre las aves del cielo, sobre los ganados, sobre toda la tierra, y sobre todo reptil que se arrastra sobre la tierra.

[27] Dios creó al hombre a imagen Suya, a imagen de Dios lo creó; varón y hembra los creó.

[28] Dios los bendijo y les dijo: "Sean fecundos y multiplíquense. Llenen la tierra y sométanla. Ejerzan dominio sobre los peces del mar, sobre las aves del cielo y sobre todo ser viviente que se mueve sobre la tierra.

DISCUTE

¿Qué aprendiste al marcar las referencias al hombre?

• ¿Quién creó al hombre?

• ¿Qué aprendiste específicamente sobre la creación del hombre, en el versículo 27?

• ¿Cuál fue el primer mandato dado al hombre en estos versículos?

• ¿Podría cumplirse ese mandamiento sin tener sexo?

• ¿Podría cumplírselo con una unión del mismo sexo?

• Si Dios fue quien creó al hombre... entonces, ¿quién es el Creador del sexo?

• Por lo tanto, ¿quién sería el Único que puede determinar las especificaciones y limitaciones del sexo?

OBSERVA

Veamos ahora Génesis 2, el cual contiene un recuento más detallado de cómo fueron creados tanto el hombre como la mujer.

Líder: Lee en voz alta Génesis 2:7-8, 15-25. Pide al grupo que diga en voz alta y...

- *Dibuje un rectángulo alrededor de cada referencia al **hombre**, incluyendo sus pronombres.*
- *Encierre en un círculo cada referencia a la ⟨**mujer**⟩ incluyendo sus pronombres.*

DISCUTE

Discute lo que aprendiste en este pasaje acerca de la creación del hombre y la mujer.

- ¿Quién fue creado primero?

- El Huerto del Edén estaba lleno de muchas cosas buenas; sin embargo, según el versículo 18, algo no estaba bien. ¿Qué era?

- ¿Cuál fue el propósito de Dios al crear a la mujer?

Génesis 2:7-8, 15-25

⁷ Entonces el SEÑOR Dios formó al hombre del polvo de la tierra, y sopló en su nariz el aliento de vida; y fue el hombre un ser viviente.

⁸ Y el SEÑOR Dios plantó un huerto hacia el oriente, en Edén, y puso allí al hombre que había formado.

¹⁵ El SEÑOR Dios tomó al hombre y lo puso en el huerto del Edén, para que lo cultivara y lo cuidara.

¹⁶ Y el SEÑOR Dios ordenó al hombre: "De todo árbol del huerto podrás comer,

[17] pero del árbol del conocimiento (de la ciencia) del bien y del mal no comerás, porque el día que de él comas, ciertamente morirás.

[18] Entonces el SEÑOR Dios dijo: "No es bueno que el hombre esté solo; le haré una ayuda adecuada."

[19] Y el SEÑOR Dios formó de la tierra todo animal del campo y toda ave del cielo, y *los* trajo al hombre para ver cómo los llamaría. Como el hombre llamó a cada ser viviente, ése fue su nombre.

[20] El hombre puso nombre a todo ganado y a las aves del cielo y a todo animal del campo, pero para Adán no se encontró una ayuda que fuera adecuada para él.

ACLARACIÓN

La palabra hebrea traducida como "ayuda" en este pasaje significa: "alguien que está al lado para ayudar a cumplir una tarea". Y de ninguna manera implica que sea alguien de menor valor o posición. De hecho, esta palabra a menudo se usa para describir a Dios cuando está a nuestro lado y nos libra de problemas. Según este pasaje, el hombre necesitaba una ayuda; una compañera que sea su igual y cuyas fortalezas compensaran las debilidades de él. Ella sería adecuada para él tanto espiritual, como emocional y físicamente.

• ¿Cuál fue la respuesta del hombre a la creación divina de la mujer?

• ¿Qué aprendiste en Génesis 2:24, acerca del diseño de Dios del hombre y la mujer?

- ¿A quiénes se refiere la frase *una sola carne*?

- Discute cómo se compara esto con lo que podemos ver en nuestra cultura actual.

²¹ Entonces el SEÑOR Dios hizo caer un sueño profundo sobre el hombre, y *éste* se durmió; y *Dios* tomó una de sus costillas, y cerró la carne en ese lugar.

²² De la costilla que el SEÑOR Dios había tomado del hombre, formó una mujer y la trajo al hombre.

²³ Y el hombre dijo: "Esta es ahora hueso de mis huesos, y carne de mi carne. Ella será llamada mujer, Porque del hombre fue tomada.

²⁴ Por tanto el hombre dejará a su padre y a su madre y se unirá a su mujer, y serán una sola carne.

²⁵ Ambos estaban desnudos, el hombre y su mujer, pero no se avergonzaban.

1 Corintios 6:15-18

15 ¿No saben que sus cuerpos son miembros de Cristo (el Mesías)? ¿Tomaré, acaso, los miembros de Cristo y los haré miembros de una ramera? ¡De ningún modo!

16 ¿O no saben que el que se une a una ramera es un cuerpo *con ella*? Porque El dice: LOS DOS VENDRAN A SER UNA SOLA CARNE.

17 Pero el que se une al Señor, es un espíritu *con El*.

18 Huyan de la fornicación. Todos *los demás* pecados que un hombre comete están fuera del cuerpo, pero el fornicario peca contra su propio cuerpo.

OBSERVA

Hemos visto el diseño original de Dios para el sexo entre un hombre y una mujer; pero, ¿habrá variado la intención del Diseñador con el paso del tiempo o con los cambios culturales? Ahora, demos un salto de unos cuantos miles de años hacia el Nuevo Testamento, donde encontraremos a Pablo escribiendo a los creyentes de la Iglesia de Corinto.

Líder: Lee en voz alta 1 Corintios 6:15-18 y pide al grupo que...

- *Subraye cada referencia a la frase **no saben que***
- *Dibuje una línea ondulada bajo cada referencia al **cuerpo del creyente**, incluyendo su sinónimo **miembros,** y **se une** de esta manera:* ～～～
- *Marque cada referencia a las palabras **fornicación** y **fornicario** con una **F** mayúscula.*

DISCUTE

- ¿Qué aprendiste al marcar las referencias al cuerpo del creyente, en los versículos 15 y 16? Explica tu respuesta.

- Basándote en lo que has leído en este pasaje y en Génesis 2, ¿cómo explicarías el significado de la frase LOS DOS VENDRÁN A SER UNA SOLA CARNE?

- ¿Cómo deben actuar los creyentes ante la fornicación, de acuerdo con el versículo 18, y por qué?

Efesios 5:25, 31

²⁵ Maridos, amen a sus mujeres, así como Cristo amó a la iglesia y se dio El mismo por ella,

³¹ POR ESTO EL HOMBRE DEJARA A SU PADRE Y A SU MADRE, Y SE UNIRA A SU MUJER, Y LOS DOS SERAN UNA SOLA CARNE.

OBSERVA

Ahora que hemos confirmado que el "ser una sola carne" se refiere a tener intimidad sexual, veamos otro lugar donde también se utiliza esta frase.

Líder: Lee en voz alta Efesios 5:25 y 31, y pide al grupo que…
- *Dibuje un rectángulo alrededor de las palabras* **maridos, hombre** *y* **su**.
- *Encierre en un círculo las palabras* **mujeres** *y* **mujer**.

DISCUTE

- ¿Qué se aprende en estos versículos, acerca de la relación de "una sola carne"?

- Según este pasaje, ¿en qué circunstancias debe darse la relación sexual?

- De lo que has visto hasta el momento, ¿qué géneros estaban involucrados en el diseño original de Dios tanto para el matrimonio como para las relaciones sexuales?

OBSERVA

Hemos visto que Dios diseñó el sexo como una parte importante de la relación matrimonial; pero, ¿será el sexo únicamente para las personas que están casadas?

Líder: Lee Hebreos 13:4
  • *Pide al grupo que diga en voz alta y marque la palabra **matrimonio** con una **M** mayúscula.*

Hebreos 13:4

4 *Sea* el matrimonio honroso en todos, y el lecho *matrimonial* sin deshonra, porque a los inmorales y a los adúlteros los juzgará Dios.

DISCUTE

• ¿Qué aprendes acerca de la voluntad de Dios para el matrimonio?

• ¿Cuáles son los límites que se establecieron para el sexo, y Quién los estableció?

• ¿Qué derecho tiene Dios de establecer las limitaciones para el sexo?

ACLARACIÓN

La palabra *fornicario* es la traducción del término griego *porneía* (raíz de la palabra pornografía) y se refiere a cualquier actividad sexual fuera del diseño de Dios.

Adúlteros se refiere a los individuos que participan en una actividad sexual, estando uno de ellos, o ambos, casados con otra persona.

- ¿Cuál es la consecuencia de no seguir la voluntad de Dios en cuanto al sexo? En otras palabras, si alguien que no está casado participa en alguna actividad sexual, ¿qué hará Dios al respecto?

- De lo que has visto hasta ahora, ¿qué efecto tendría la fornicación y el adulterio en el matrimonio?

OBSERVA

Los primeros creyentes vivieron en una cultura que, semejante a la actual, trataba al sexo como algo sin valor en vez de algo único diseñado por Dios.

Respondiendo las preguntas de la iglesia de Corinto, Pablo, un hombre que no se había casado, escribió el siguiente pasaje para explicar cómo manejar apropiadamente el deseo sexual.

Líder: Lee 1 Corintios 7:1-2, 8-9 y pide al grupo que...
- *Marque la palabra **inmoralidades** con una **I** mayúscula.*
- *Subraye la referencia a **dominio propio.***

ACLARACIÓN

La palabra griega traducida como *tocar*, aquí significa: "manipular un objeto para ejercer una influencia sobre él". También significa "encender fuego". Así que Pablo se refería a cualquier acción que encendiera la pasión sexual y el deseo.

1 Corintios 7:1-2, 8-9

1 En cuanto a las cosas de que me escribieron, bueno es para el hombre no tocar mujer.

2 No obstante, por razón de las inmoralidades, que cada uno tenga su propia mujer, y cada una tenga su propio marido.

8 A los solteros y a las viudas digo que es bueno para ellos si se quedan como yo.

9 Pero si carecen de dominio propio, cásense; que mejor es casarse que quemarse.

DISCUTE

• De acuerdo a los versículos 1 y 2, ¿qué debe hacer un hombre y por qué?

• ¿Quién debe satisfacer los deseos sexuales del hombre? ¿Y los de la mujer?

• ¿Cuál era el mensaje de Pablo para los solteros y las viudas?

• Según el versículo 9, ¿cuál es la solución de Dios para combatir con los deseos sexuales?

• En base a lo visto hasta ahora, y tomando en consideración lo que leíste en el cuadro de Aclaración, ¿qué quiso decir Pablo con la frase "pero si carecen de dominio propio, cásense"? ¿Estaba él refiriéndose solamente al coito (relación sexual), o incluía también otros tipos de expresiones sexuales? Explica tu respuesta.

• ¿Bajo qué circunstancias debe darse el sexo? ¿Qué propósito(s) ha de tener?

FINALIZANDO

A pesar de lo que puedas haber oído, Dios no está en contra del sexo. De hecho, desde el principio Él planeó que el sexo uniría a un hombre con su respectiva mujer. No existía un plan alternativo, un substituto, ni una mejor compañía para el hombre que su propia esposa. Dios diseñó la relación sexual, la unión de dos en una sola carne, como una bendición de compañerismo, unidad y placer. Dios mismo fue quien planeó que pudiésemos tener satisfacción sexual dentro de la relación matrimonial.

Cuando el sexo ocurre dentro del lazo matrimonial resulta maravilloso; crea una dimensión de unidad y complemento total que no puede ser explicada por quienes la han experimentado. Sin embargo, como veremos en las próximas semanas, el sexo fuera del matrimonio viola el diseño de Dios y puede traer dolor, culpa, vergüenza y perversión.

Sin importar cómo nuestra cultura haya cambiado y redefinido la actividad sexual, el plan de Dios ha permanecido inalterable desde el principio de los tiempos; y Dios, el creador del sexo, claramente ha establecido los límites para la relación sexual. Por lo tanto el sexo:

Fue diseñado para darse únicamente entre un hombre y una mujer, para ser practicado únicamente dentro del matrimonio, para ser satisfactorio y placentero cuando se disfruta dentro de los lineamientos de Dios, pero es peligroso y destructivo cuando se practica fuera del plan de Dios.

En una cultura tan saturada de sexo y distorsionada por la lujuria, seguir el diseño de Dios puede ser considerado anticuado, pero es la única forma de disfrutar este precioso regalo sin consecuencias destructivas.

Esta semana busca un momento para examinarte y reconocer en qué maneras te has dejado convencer por la perspectiva del mundo sobre el sexo.

Para mucha gente la virginidad parece ser algo extraño y tan fuera de lugar en nuestra cultura moderna. Y cualquier adolescente o adulto, que sea lo suficientemente valiente para admitir su virginidad, inmediatamente es considerado como anormal o ridiculizado por completo.

¿Por qué debe considerarse en alta estima el "guardarse" para el matrimonio? ¿Es realmente tan importante? Y de ser así, ¿es igual de importante tanto para hombres como para mujeres? ¿Acaso no es una decisión personal el permanecer virgen o no? ¿Si no llegas hasta "el final" del acto sexual, puedes considerarte todavía siendo "virgen"? Esta semana veremos el tema de la virginidad y encontraremos las respuestas a todas estas preguntas directamente en la Palabra de Dios.

OBSERVA

¿Qué valor le da Dios a la virginidad? Esto es lo que ahora veremos; puesto que Dios, el Diseñador del sexo, dispuso claros límites para su uso. Examinemos dos pasajes que hablan específicamente de la virginidad de una mujer antes del matrimonio.

Líder: Lee Deuteronomio 22:28-29 y Éxodo 22:16-17 y pide al grupo que diga en voz alta y...
- *Dibuje un rectángulo alrededor de cada referencia al **hombre**, incluyendo sus pronombres:* ☐
- *Marque cada referencia a **virgen** o **joven**, incluyendo sus pronombres, con una **V** mayúscula.*

Deuteronomio 22:28-29

28 "Si un hombre encuentra a una joven virgen que no está comprometida, y se apodera de ella y se acuesta con ella, y son descubiertos,

29 entonces el hombre que se acostó con ella dará cincuenta *siclos* de plata al padre de la joven, y ella será su mujer porque la ha violado. No podrá despedirla en todos sus días.

Exodo 22:16-17

16 "Si alguien seduce a una doncella que no esté comprometida para casarse, y se acuesta con ella, deberá pagar una dote por ella para *que sea* su mujer.

17 "Y si el padre rehúsa dársela, él pagará una cantidad igual a la dote de las vírgenes.

DISCUTE

• En estos versículos, ¿qué aprendiste acerca del hombre que tiene sexo o que viola a una virgen?

• ¿Cuál es la pena exacta que recibirá por sus acciones?

ACLARACIÓN

La pena establecida por la Ley para la violación era de cincuenta siclos de plata; el mismo valor correspondiente a la dote de una novia. Se trataba pues de una significativa multa por violar la Ley; a más de eso, si el padre de la joven autorizaba el matrimonio, el joven jamás podría divorciarse de ella; esta combinación servía como un efectivo disuasivo contra la violación y la inmoralidad sexual.

• Entonces, ¿qué tan seriamente consideraba Dios esta situación?

OBSERVA

Veamos otro pasaje que trata el tema de la virginidad, pero desde una perspectiva diferente.

Líder: Lee en voz alta Deuteronomio 22:13-21 y pide al grupo que...

- Marque cada referencia a la palabra **virgen** o **virginidad** con una **V** mayúscula.
- Dibuje un rectángulo alrededor de cada referencia al **hombre**, incluyendo los pronombres.
- Encierre en un círculo cada referencia a la **mujer**, incluyendo sus pronombres y sinónimos como **joven** e **hija**.

DISCUTE

- En primer lugar haz un breve resumen de este pasaje.

- En estos versículos, Dios preparó a los israelitas para que trataran con cierta clase de acusación. ¿Cuál era?

Deuteronomio 22:13-21

13 "Si un hombre toma a una mujer y se llega a ella, y *después* la aborrece,

14 y la acusa de actos vergonzosos y la denuncia públicamente y dice: 'Tomé a esta mujer, *pero* al llegarme a ella no la encontré virgen,'

15 entonces el padre y la madre de la joven tomarán las *pruebas* de la virginidad de la joven y las llevarán a los ancianos de la ciudad, a la puerta.

16 "Y el padre de la joven dirá a los ancianos: 'Yo di mi hija por mujer a este hombre, pero él la aborreció;

¹⁷ ahora él le atribuye actos vergonzosos, diciendo: "No encontré virgen a tu hija." Pero ésta es *la prueba de* la virginidad de mi hija.' Y extenderán la ropa delante de los ancianos de la ciudad.

¹⁸ "Entonces los ancianos de la ciudad tomarán al hombre y lo castigarán;

¹⁹ le pondrán una multa de 100 *siclos* (1.14 kilos) de plata, que darán al padre de la joven, porque denunció públicamente a una virgen de Israel. Y ella seguirá siendo su mujer; no podrá despedirla en todos sus días.

• ¿Qué aprendiste al marcar las referencias a virgen?

ACLARACIÓN

La palabra *virgen* se usa en la Escritura solamente para describir a la mujer que nunca ha tenido relaciones sexuales.

La evidencia mencionada en el versículo 15 se refiere a la prenda de ropa, o la sábana manchada de sangre en la noche de bodas; lo cual era una prueba de la rotura del himen con la primera experiencia sexual de la mujer. Esta prenda se guardaba como evidencia de la virginidad de la novia. Si un hombre acusaba a su mujer de no haber sido virgen cuando se casaron, los padres de ella estaban obligados a presentar la prueba de su virginidad.

• ¿Cuál era la pena por difamar públicamente a una virgen de Israel?

• Si la acusación era cierta, y la joven no era hallada virgen, ¿cuál sería la consecuencia?

• ¿Por qué se hacía esto, de acuerdo con el versículo 21?

• En este pasaje, ¿cuánta importancia es dada a la virginidad?

20 "Pero si el asunto es verdad, que la joven no fue hallada virgen,

21 entonces llevarán a la joven a la puerta de la casa de su padre, y los hombres de su ciudad la apedrearán hasta que muera, porque ella ha cometido una terrible ofensa (infamia) en Israel prostituyéndose en la casa de su padre. Así quitarás el mal de en medio de ti.

OBSERVA
Líder: Lee Deuteronomio 5:18 y Levítico 20:10
• *Pide al grupo que diga en voz alta y marque las palabras, **adulterio**, **adúltero** y **adúltera** con una A mayúscula.*

DISCUTE
• Si la mujer mencionada en el pasaje de Deuteronomio 22 no era hallada virgen, entonces era culpable de adulterio. Y, ¿qué dice Dios acerca del adulterio?

Deut 5:18 - Lev 20:10

18 'No cometerás adulterio.

10 'Si un hombre comete adulterio con la mujer de *otro* hombre, (que cometa adulterio con la mujer de su prójimo), el adúltero y la adúltera ciertamente han de morir.

• ¿Cuál era el castigo por adulterio?

• Según lo leído en los pasajes anteriores, ¿qué tan seriamente considera Dios la virginidad?

ACLARACIÓN

Adulterio significa cualquier relación sexual entre dos personas, donde una o ambas están casadas o comprometidas con alguien más; este término hace referencia a la ruptura de la relación matrimonial de "una sola carne".

OBSERVA

Incluso entre quienes sostienen el ideal de virginidad para las mujeres solteras, pocos parecen tener el mismo criterio para con los hombres. Veamos nuevamente el pasaje de 1 Corintios que observamos la semana pasada, para revisar la manera en que Pablo trató este tema dentro de la iglesia. Recordemos que estos versículos corresponden al capítulo 7 de la primera carta de Pablo a la iglesia en Corinto, Grecia; con la cual respondía una serie de preguntas que ellos le habían hecho acerca de la vida cristiana.

Líder: Lee 1 Corintios 7:1-2, 8-9 y pide al grupo que...

- *Dibuje un rectángulo alrededor de cada referencia a **hombre** o **marido**, incluyendo sus pronombres.*
- *Encierre en un círculo toda referencia a **mujer**, incluyendo sus pronombres.*
- *Subraye con doble línea cada referencia a los __solteros__ o las __viudas__, incluyendo sus pronombres.*

ACLARACIÓN

Como se mencionó la semana pasada, la palabra griega traducida como *tocar* significa: "manipular un objeto para ejercer influencia sobre él" (significando también: "encender fuego"). Así que Pablo estaba refiriéndose a cualquier acción que encendiera la pasión sexual y el deseo.

DISCUTE
- ¿Cuál era la preocupación de los corintios, de acuerdo con el versículo 1?

- Discute la respuesta y razonamiento de Pablo respecto a la pregunta de los corintios.

1 Corintios 7:1-2, 8-9

1 En cuanto a las cosas de que me escribieron, bueno es para el hombre no tocar mujer.

2 No obstante, por razón de las inmoralidades, que cada uno tenga su propia mujer, y cada una tenga su propio marido.

8 A los solteros y a las viudas digo que es bueno para ellos si se quedan como yo.

9 Pero si carecen de dominio propio, cásense. Que mejor es casarse que quemarse.

- Según lo que has visto, ¿el sexo prematrimonial es aceptable ante los ojos de Dios? Discute tu respuesta.

- ¿Qué pasa con aquellos que están solteros? ¿Qué deben hacer, y por qué?

- ¿Qué razón nos da el versículo 9 para el matrimonio?

- La referencia a las personas que no están casadas, mencionadas en los versículos 8–9, incluye no solamente a vírgenes sino también a personas divorciadas y aquellas cuyo cónyuge ha muerto. Puesto que ya habían sido sexualmente activos, durante su matrimonio, ¿resulta aceptable que continúen siéndolo después? Explica tu respuesta.

• De lo que has visto hasta ahora, y tomando en consideración lo que leíste en el cuadro de Aclaración, ¿qué quiso decir Pablo con la frase "pero si carecen de dominio propio, cásense"? Explica tu respuesta.

• En vista de estos versículos, ¿es aceptable para un hombre el tener sexo fuera del matrimonio?

• ¿Qué razones podrían darte tus amigos para ignorar o contradecir la Palabra de Dios respecto a este tema?

• ¿Cómo responderías a sus objeciones?

• ¿Cuáles son las dudas o sentimientos que las personas deberán enfrentar cuando no se guardan sexualmente de manera única y exclusiva para su cónyuge?

2 Samuel 13:10-19

¹⁰ Entonces Amnón dijo a Tamar: "Trae la comida a la alcoba para que yo coma de tu mano." Y Tamar tomó las tortas que había hecho y *las* llevó a su hermano Amnón a la alcoba.

¹¹ Cuando ella se *las* llevó para que comiera, él le echó mano, y le dijo: "Ven, acuéstate conmigo, hermana mía."

¹² Pero ella le respondió: "No, hermano mío, no abuses de mí, porque tal cosa no se hace en Israel; no cometas esta terrible ofensa (infamia).

¹³ "Pues, ¿adónde iría yo con mi deshonra? Y tú serías como uno de

OBSERVA

En el Antiguo Testamento encontramos un ejemplo de lo que puede suceder cuando alguien es controlado por su apetito sexual, en lugar de serlo por el ideal de Dios. Amnón estaba "enamorado" de Tamar, su hermanastra; y su primo Jonadab lo ayudó a idear un plan en el que Amnón pretendería estar enfermo, pidiéndole a su padre, David, que permitiera que su hermana lo cuidara. Al acceder su padre, Amnón la forzaría a ella para que satisficiera su apetito sexual.

Líder: Lee 2 Samuel 13:10-19 en voz alta y pide al grupo que...

- *Encierre en un círculo cada referencia a **Tamar**, incluyendo sus pronombres y **hermana mía**.*
- *Dibuje un rectángulo alrededor de cada referencia a **Amnón**, incluyendo sus pronombres y **hermano mío**.*
- *Subraya cada referencia a la frase **él no quiso escucharla**.*

DISCUTE

- Amnón le ordenó a Tamar que le llevara comida a la privacidad de su alcoba; y, ¿qué le dijo cuando ella lo hizo?

• ¿Cómo respondió Tamar? ¿Cuál fue su primera palabra en respuesta a su pedido?

los insensatos de Israel. Ahora pues, te ruego que hables al rey, que él no me negará a ti."

• ¿Comprendía Amnón que era malo lo que estaba pidiéndole? ¿Cómo lo sabes? Explica tu respuesta.

14 Pero él no quiso escucharla; como era más fuerte que ella, la forzó, y se acostó con ella.

• ¿Cuál fue la advertencia que Tamar le dio a Amnón, respecto a cómo sus acciones afectarían la vida de ambos?

15 Entonces Amnón la aborreció con un odio muy grande; porque el odio con que la aborreció fue mayor que el amor con que la había amado. Y Amnón le dijo: "Levántate, vete."

• Después de satisfacer su apetito sexual, ¿qué sentimientos tuvo Amnón para con Tamar? ¿Cómo la trató?

16 Pero ella le respondió: "No, porque esta injusticia *que me haces*, echándome fuera, es mayor que la otra que me has hecho." Pero él no quiso oírla.

[17] Llamó, pues, a su criado que le servía y *le* dijo: "Echa a esta mujer fuera de aquí, y cierra la puerta tras ella."

[18] (Ella llevaba un vestido de manga larga, porque así las hijas vírgenes del rey se vestían con túnicas.) Su criado la echó fuera, y cerró la puerta tras ella.

[19] Entonces Tamar se puso ceniza sobre la cabeza, rasgó el vestido de manga larga que llevaba puesto, y se fue gritando con las manos sobre la cabeza.

• ¿Qué te dice esto sobre sus anteriores sentimientos hacia ella? ¿Estaba realmente enamorado? Explica tu respuesta.

• De acuerdo al versículo 16, ¿qué le dijo Tamar a Amnón y cómo respondió él? ¿Cómo se compara esto con lo que viste en Deuteronomio 22:29 al comienzo de esta lección?

• ¿Cuál fue la respuesta de Tamar a la pérdida de su virginidad? Discute la escena de los versículos 17-19.

ACLARACIÓN

Absalón, el hermano de Ammón, lo asesinó a causa de su cruel violación a Tamar.

OBSERVA

A pesar que ya hemos visto los pasajes a continuación, no está demás el considerarlos de nuevo para recordar el diseño original de Dios en cuanto a las relaciones sexuales. Recordemos que aunque la cultura cambie, el código moral de Dios nunca se altera.

Líder: *Lee en voz alta Génesis 2:22-25 y Hebreos 13:4 y pide al grupo que...*
- *Dibuje un rectángulo alrededor de cada referencia al hombre, incluyendo sus pronombres.*
- *Encierre en un círculo cada referencia a la mujer, incluyendo sus pronombres.*
- *Subraye la frase y los dos serán una sola carne.*
- Marque la palabra *matrimonio* con una *M* mayúscula.

DISCUTE
- ¿Para quién fue destinado el sexo, en el diseño original de Dios? Explica tu respuesta.

Génesis 2:22-25, Hebreos 13:4

22 De la costilla que el SEÑOR Dios había tomado del hombre, formó una mujer y la trajo al hombre.

23 Y el hombre dijo: "Esta es ahora hueso de mis huesos, Y carne de mi carne. Ella será llamada mujer, Porque del hombre fue tomada."

24 Por tanto el hombre dejará a su padre y a su madre y se unirá a su mujer, y serán una sola carne.

25 Ambos estaban desnudos, el hombre y su mujer, pero no se avergonzaban.

4 *Sea* el matrimonio honroso en todos, y el lecho *matrimonial* sin deshonra, porque a los inmorales y a los adúlteros los juzgará Dios.

ACLARACIÓN

Fornicación se define como cualquier relación sexual que viole el diseño de Dios. Es decir, cualquier práctica sexual que no se realice entre marido y mujer. Esto incluye, pero no de forma exclusiva, toda actividad sexual entre personas no casadas, tales como: la homosexualidad, el lesbianismo, el sexo oral, las caricias sensuales y el tocarse de manera inapropiada.

Adulterio describe cualquier relación sexual entre dos personas, en que una de ellas o ambas están casadas o comprometidas con alguien más.

- ¿Qué aprendiste del matrimonio en Hebreos 13:4?

- ¿Cómo tratará Dios a los fornicarios y adúlteros?

FINALIZANDO

Has podido verlo por ti mismo en la Palabra de Dios; sin importar lo que la cultura diga, o la tentación que venga, tanto hombres como mujeres deben permanecer vírgenes hasta el matrimonio.

Sin embargo, en la actualidad muchos han creído la mentira de que mientras no "lleguen hasta el final" cualquier cosa les está permitida: sexo oral, caricias sensuales, tocarse de manera inapropiada, ver su desnudez etc. Pero, como ya hemos visto tan claramente en la Biblia durante toda esta semana, no hay lugar alguno para cualquier tipo de comportamiento sexual o de caricias íntimas fuera del matrimonio.

Desgraciadamente, demasiados jóvenes creen erróneamente que el sexo es tan solo un acto físico; ignorando así las peligrosas consecuencias del abuso de este invaluable regalo. Hoy en día, como Amnón, hombres y mujeres también idean planes para satisfacer sus apetitos sexuales. A viva voz proclaman su amor presionando continuamente hasta que la otra persona crea que la única manera de continuar con la relación es cediendo a tener sexo.

En contraste, el genuino amor se demuestra en humildad y consideración; aunque el deseo sexual sea muy fuerte. 1 Corintios 13 nos da una clara imagen de cómo se manifiesta el verdadero amor; y al comparar este modelo con tu trato hacia otros, al igual que el de ellos para contigo, obtendremos una poderosa protección contra la cultura y la presión de grupo.

Dios nunca tiene un doble estándar; por lo cual, si decides seguir las instrucciones del Diseñador y te rehúsas a comprometer la pureza y santidad del sexo, entonces conocerás el gozo que experimentan aquellos quienes confían en Él para alcanzar los mayores anhelos de su corazón.

¿Cómo aconsejarías a los solteros en cuanto a sus noviazgos? Aunque seas soltero o casado, ¿qué estás haciendo para guardarte de la tentación de satisfacer tus deseos sexuales fuera del matrimonio?

Nuestra responsabilidad ante Dios es ser santos, lo cual significa que debemos permanecer separados del estilo de vida mundano y de la actual cultura que resulta contraria a Dios. Nuestras vidas deben ser diferentes en todos los aspectos, incluyendo el aspecto sexual. Esta semana comenzaremos a ver las pautas de Dios en cuanto a nuestra sexualidad, para así ponerlas en práctica y agradarle a Él.

OBSERVA

El libro de Levítico relata cómo Dios habla con los hijos de Israel a través de Moisés. Al final del capítulo 11 Moisés les recuerda el propósito detrás de las leyes de Dios; un propósito declarado repetidamente a lo largo del libro de Levítico.

Líder: Lee en voz alta Levítico 11:45 y 20:7-8. Pide al grupo que diga en voz alta y...

- *Marque cada referencia a la palabra santo(s) con una flecha como ésta:*↑
- *Dibuje una nube como ésta* ⌇⌇⌇ *alrededor de cada referencia a la frase Yo soy el SEÑOR.*

DISCUTE

- ¿Qué aprendiste al marcar santo(s) en estos versículos?

- De manera específica, ¿qué se ordenó que hicieran los israelitas en Levítico 11:45?

Levítico 11:45, 20:7-8

45 'Porque Yo soy el SEÑOR, que los he hecho subir de la tierra de Egipto para ser su Dios; serán, pues, santos porque Yo soy santo.'"

7 'Santifíquense, pues, y sean santos, porque Yo soy el SEÑOR su Dios.

8 'Guarden Mis estatutos y cúmplanlos. Yo soy el SEÑOR que los santifico.

• ¿Por qué debían hacer esto?

• De acuerdo a Levítico 20:8, ¿cómo lograrían eso los israelitas?

ACLARACIÓN

La palabra *santo* significa "ser consagrado". Cualquier cosa santa ha sido separada para los propósitos de Dios. Ya que Dios es santo, aquellos quienes están asociados con Él también deben serlo en todo cuanto hacen, incluyendo su comportamiento sexual.

OBSERVA

Levítico relata cómo Moisés instruye a los hijos de Israel acerca de los límites que Dios estableció para el bienestar y santificación de la nación. Veamos ahora una porción del capítulo 18, en que se definen algunos límites específicos para la familia.

Líder: *Lee Levítico 18:3-5 y pide al grupo que...*

- *Marque cada referencia a la palabra* **ustedes** *y sus variantes verbales, que en este pasaje se refieren al pueblo de Israel, de esta manera:* ✡
- *Marque cada referencia a* **Dios**, *incluyendo los pronombres* **Yo** *y* **Mis**, *y el sinónimo el* **SEÑOR**, *con un triángulo como éste:* △
- *Dibuje una nube alrededor de cada referencia a la frase* **Yo soy el SEÑOR.**

ACLARACIÓN

Entre los egipcios, el sexo era algo que quedaba en familia; pues los faraones a menudo se casaban con sus parientes cercanos. Los cananeos, en cambio, seguían la filosofía del "todo se vale" respecto al sexo; tenían relaciones sexuales entre miembros de la misma familia, con personas del mismo sexo y con animales. Y, debido a que su mitología religiosa se encontraba llena de perversión y promiscuidad, el sexo también estaba involucrado en la adoración de sus dioses.

DISCUTE

- ¿Qué instrucciones fueron dadas por Dios a los hijos de Israel, en estos versículos?

Levítico 18:3-5

³ 'Ustedes no harán como hacen en la tierra de Egipto en la cual moraron, ni harán como hacen en la tierra de Canaán adonde Yo los llevo; no andarán en los estatutos de ellos.

⁴ 'Habrán de cumplir Mis leyes y guardarán Mis estatutos para vivir según ellos. Yo soy el SEÑOR su Dios.

⁵ 'Por tanto, guardarán Mis estatutos y Mis leyes, por los cuales el hombre vivirá si los cumple. Yo soy el SEÑOR.

• ¿Por qué crees que les dijo: "Yo soy el SEÑOR su Dios" en este pasaje? ¿Qué quería decir con esto?

• ¿Cuál sería el resultado de seguir los estatutos y leyes de Dios?

1 Pedro 1:14-16

14 Como hijos obedientes, no se conformen a los deseos que antes *tenían* en su ignorancia,

15 sino que así como Aquél que los llamó es Santo, así también sean ustedes santos en toda *su* manera de vivir.

16 Porque escrito está: "SEAN SANTOS, PORQUE YO SOY SANTO."

OBSERVA

Veamos un pasaje del Nuevo Testamento que nos muestra si la santidad es un principio solamente aplicable al Antiguo Testamento.

Líder: Lee 1 Pedro 1:14-16 en voz alta. Pide al grupo que...
  • *Dibuje un triángulo sobre toda referencia a **Dios**, incluyendo los pronombres y el sinónimo **Santo**.*
  • *Marque cada referencia a la palabra **santo** con una flecha:* ↑

DISCUTE
• Siendo un creyente, ¿cómo te beneficiarías al caminar en obediencia a la Palabra de Dios en relación con tu sexualidad? ¿Cómo sería si vivieras una vida separada o santa?

• ¿Podrías esperar que el mundo lo entendiera? Explica tu respuesta.

Hoy en día, una de las excusas más comunes para la promiscuidad sexual es que "todo el mundo lo hace". De acuerdo a esto, cualquier cosa que sea generalizada por tanto deberá ser buena. Como consecuencia de esta filosofía, hay muchos estudiantes quienes son frecuentemente ridiculizados en escuelas, colegios y centros de educación superior debido a su virginidad. Las personas solteras también sienten una particular presión, proveniente de nuestra actual cultura, conforme se les hace creer que la promiscuidad sexual es algo normal.

• Considerando todo lo que hemos visto, ¿crees que la excusa del "todo el mundo lo hace" es hoy en día más válida que en tiempo de los israelitas? Explica tu respuesta.

Levítico 18:6-18

6 'Ninguno de ustedes se acercará a una parienta cercana suya para descubrir *su* desnudez. Yo soy el Señor.

7 'No descubrirás la desnudez de tu padre, o la desnudez de tu madre. Es tu madre, no descubrirás su desnudez.

8 'No descubrirás la desnudez de la mujer de tu padre; es la desnudez de tu padre.

9 'La desnudez de tu hermana, *sea* hija de tu padre o de tu madre, nacida en casa o nacida fuera, su desnudez no descubrirás.

10 'La desnudez de la hija de tu hijo, o de la hija de tu hija, su desnudez no descubrirás; porque su desnudez es *la* tuya.

OBSERVA

Puesto que Dios diseñó el sexo e instituyó el matrimonio, como vimos en la primera lección, Él tiene el derecho de establecer las reglas para su protección.

Continuemos con nuestro estudio de Levítico 18 y veamos algunas de las reglas de Dios para la actividad sexual dentro del seno familiar. Muchas de las situaciones descritas en este pasaje te sonarán extrañas e incluso desagradables, pero necesitamos conocer lo que Dios dice acerca de este tema y considerar su relevancia para preservar la santidad de la familia en nuestra sociedad actual.

Líder: Lee Levítico 18:6-18 en voz alta. Pide al grupo que diga en voz alta y...

- *Subraye cada referencia al mandamiento **no descubrirás la desnudez de** y frases similares.*
- *Marque cada referencia a la palabra **parienta** con líneas inclinadas como éstas: //*
- *Dibuje una nube como ésta alrededor de cada referencia a la frase **Yo soy el Señor**.*

ACLARACIÓN

"Descubrir la desnudez de" es otra manera para referirse a *tener relaciones sexuales con alguien*. Resulta una frase importante para definir el incesto.

DISCUTE

Aquí se describen doce tipos de relaciones incestuosas, y los principios que son mencionados prohíben tanto la relación sexual casual como el matrimonio entre ellas. Repasa los versículos y haz una lista de las relaciones en que el sexo estaba prohibido para los hijos de Israel, observando además lo dicho por Dios acerca de cada situación.

• ¿Quién estaba incluida bajo la categoría "parienta"? ¿Quién no estaba incluida?

• Dios fue muy específico en sus instrucciones. ¿Crees que hubo alguna duda o incertidumbre en las mentes de los hijos de Israel, acerca de quién o de qué estaba hablando Dios? ¿Por qué crees que Dios fue tan específico en estas instrucciones?

[11] 'La desnudez de la hija de la mujer de tu padre, engendrada de tu padre, su desnudez no descubrirás; tu hermana es.

[12] 'No descubrirás la desnudez de la hermana de tu padre; parienta de tu padre es.

[13] 'No descubrirás la desnudez de la hermana de tu madre; parienta de tu madre es.

[14] 'No descubrirás la desnudez del hermano de tu padre; no te acercarás a su mujer, tu tía es.

[15] 'No descubrirás la desnudez de tu nuera; es mujer de tu hijo, no descubrirás su desnudez.

[16] 'No descubrirás la desnudez de la mujer de tu hermano; es la desnudez de tu hermano.

[17] 'No descubrirás la desnudez de una mujer y *la* de su hija, ni tomarás la hija de su hijo ni la hija de su hija para descubrir su desnudez; son parientas. Es aborrecible.

[18] 'No tomarás mujer junto con su hermana, para que sea rival *suya*, descubriendo su desnudez mientras *ésta* viva.

• Encontramos más referencias al descubrimiento de la desnudez de la mujer, en comparación con la desnudez del marido. Discute cómo se relaciona esto con lo que aprendiste de Génesis 2:24 en la lección uno.

• Otra vez vemos la frase Yo soy el SEÑOR. ¿Qué crees que quiere decir Dios con esto?

• ¿Cómo afectaría a la familia el incumplimiento de estas leyes? ¿A la cultura? ¿A la iglesia?

• Discute lo que puede verse en nuestra cultura actual debido a que los límites para el sexo no se encuentran claramente establecidos en ella.

OBSERVA

Avancemos a Levítico 20, donde encontramos las consecuencias de violar los límites que Dios ha establecido.

Líder: Lee en voz alta los versículos impresos en estas páginas y pide al grupo que...

- *Dibuje un rectángulo alrededor de cada referencia al **hombre**, incluyendo sus pronombres.*
- *Subraye cada referencia a la **relación sexual**, incluyendo sinónimos como se **acuesta**, **descubierto la desnudez**, **descubrirás** y **toma**.*

DISCUTE

- Haz una lista de los castigos para cada situación que se describa en estos versículos.

Levítico 20:11-12,17, 19-21

11 'Si alguien se acuesta con la mujer de su padre, ha descubierto la desnudez de su padre; ciertamente han de morir los dos; su culpa de sangre sea sobre ellos.

12 'Si alguien se acuesta con su nuera, ciertamente han de morir los dos, han cometido *grave* perversión; su culpa de sangre sea sobre ellos.

17 'Si alguien toma a su hermana, hija de su padre o hija de su madre, viendo la desnudez de ella, y ella ve la desnudez de él, es cosa abominable; serán exterminados a la vista de los hijos de su pueblo.

El ha descubierto la desnudez de su hermana, lleva su culpa.

[19] 'No descubrirás tampoco la desnudez de la hermana de tu madre, ni *la* de la hermana de tu padre, porque el que lo haga ha desnudado a su pariente carnal, ellos llevarán su culpa.

[20] 'Si alguien se acuesta con la mujer de su tío, ha descubierto la desnudez de su tío; ellos llevarán su pecado. Sin hijos morirán.

[21] 'Si alguien toma a la mujer de su hermano, es cosa aborrecible; ha descubierto la desnudez de su hermano. Se quedarán sin hijos.

• ¿Qué tan serio es este tipo de pecado para Dios y por qué? Explica tu respuesta.

OBSERVA

Veamos una porción de la Escritura en que Dios instruyó a los líderes de Israel a declarar ante el pueblo los comportamientos específicos que traerían maldición al ofensor.

Líder: Lee Deuteronomio 27:20, 22-23.
• *Pide al grupo que diga en voz alta y subraye cada referencia a la frase **maldito el que se acueste con**.*

DISCUTE

• ¿Quién es maldito y por qué, de acuerdo con estos versículos?

• ¿Cómo debía responder el pueblo a la declaración de Dios? ¿Qué significaba eso?

Deuteronomio 27:20, 22-23

20 'Maldito el que se acueste con la mujer de su padre, porque ha descubierto lo que es de su padre.' Y todo el pueblo dirá: 'Amén.'

22 'Maldito el que se acueste con su hermana, la hija de su padre o de su madre.' Y todo el pueblo dirá: 'Amén.'

23 'Maldito el que se acueste con su suegra.' Y todo el pueblo dirá: 'Amén.'

ACLARACIÓN

La palabra "amén" proviene de un término hebreo que podría traducirse como "así sea", "que así sea" o "es verdad". Indica una fuerte reafirmación de lo que se ha dicho.

Romanos 15:4

4 Porque todo lo que fue escrito en tiempos pasados, para nuestra enseñanza se escribió, a fin de que por medio de la paciencia (perseverancia) y del consuelo de las Escrituras tengamos esperanza.

OBSERVA

Tal vez hayas notado que muchos de los pasajes que hemos analizado esta semana pertenecen al Antiguo Testamento. Pero, estos pasajes, ¿se aplicarán tanto a los cristianos de hoy como al pueblo de Israel? Revisemos algo del Nuevo Testamento para averiguarlo.

Líder: Lee Romanos 15:4 en voz alta.
  • *Pide al grupo que diga en voz alta y marque la palabra escrito con una línea ondulada como ésta:* ‿‿‿

DISCUTE

• ¿Con qué propósito fueron escritas las cosas en los tiempos pasados?

• ¿Qué resultado traen a nuestras vidas?

• A partir de lo que has visto, ¿se aplicarían a nosotros los pasajes de Levítico y Deuteronomio, que estudiamos en esta lección? Explica tu respuesta.

OBSERVA

En sus inicios, todos los miembros de la iglesia primitiva eran judíos. Pero conforme los gentiles, o no judíos, empezaron a convertirse en seguidores de Cristo la mezcla de diferentes culturas generó una crisis. Los líderes de las iglesias estaban inseguros de cuáles partes de la Ley del Antiguo Testamento se aplicaban a los creyentes gentiles. Veamos ahora lo que ellos decidieron (por cierto, el Simón mencionado en el versículo 14 es el apóstol Pedro, uno de los discípulos judíos que había caminado con Jesús).

Líder: Lee en voz alta Hechos 15:12-14 y 19-20.

- *Pide al grupo que diga en voz alta y dibuje un rectángulo alrededor de cada referencia a los **Gentiles**, incluyendo sus pronombres.*

DISCUTE

- Los líderes de las iglesias, ¿qué decidieron exigir a los gentiles?

Hechos 15:12-14, 19-20

^{12} Toda la multitud hizo silencio, y escuchaban a Bernabé y a Pablo, que relataban las señales (los milagros) y prodigios que Dios había hecho entre los Gentiles por medio de ellos.

^{13} Cuando terminaron de hablar, Jacobo (Santiago, hermano de Jesús) tomó la palabra y dijo: "Escúchenme, hermanos.

^{14} "Simón ha relatado cómo Dios al principio tuvo a bien tomar de entre los Gentiles un pueblo para Su nombre.

^{19} "Por tanto, yo opino que no debemos molestar a los que de entre los Gentiles se convierten a Dios,

[20] sino que les escribamos que se abstengan de cosas contaminadas por los ídolos, de fornicación, de lo estrangulado y de sangre.

• ¿Se aplicaría lo mismo a nosotros hoy en día? Explica tu respuesta.

FINALIZANDO

La frase *Yo Soy el Señor* aparece un total de seis veces en Levítico 18. Con ella, Dios establecía tanto Su autoridad como la responsabilidad de Su pueblo de obedecer Sus mandamientos. Varios años atrás, Dios había prometido crear una gran nación por medio de los descendientes de Abraham. Esta familia, conocida después como Israel, sería un pueblo especial, separado para Sus propósitos. Pero esa unidad familiar fue destruida, y dicha nación no pudo florecer; puesto que la familia es la base de la sociedad.

El deseo divino era que la familia fuese una red caracterizada por el honor, el respeto y el adecuado comportamiento, más no que fuese destruida por el perverso abuso. El incesto interfiere con las genealogías familiares, conduciendo a la destrucción de la unidad familiar y la nación. Por esta razón, conforme Israel iba convirtiéndose en nación, Dios definió las relaciones sexuales aceptables y estableció los límites para su protección.

Dios advirtió a Israel que no mirara atrás ni imitara lo que había visto en Egipto, y mucho menos que siguieran las costumbres de las otras naciones. Al entrar en la Tierra Prometida encontrarían a los cananeos, un pueblo terriblemente inmoral; y tendrían que mantenerse separados de ellos para agradar a Dios.

Actualmente nosotros debemos hacer lo mismo. Como vimos en Romanos 15:4 estas cosas fueron escritas para nuestra instrucción (tanto hoy en día como en los tiempos del Antiguo Testamento). El plan de Dios para la familia es que sea un lugar seguro y de respeto; y dicho plan no ha cambiado en nada. La mayoría de nosotros nos damos cuenta que el incesto está mal; sin embargo, resulta alarmantemente muy frecuente en nuestra cultura. Si tú has sido víctima de incesto, deseamos que sepas que lo que te pasó está mal y que no fue tu culpa; y que puedes tener la plena seguridad que Dios mismo será quien tratará con la persona que abusó de ti.

Somos creados a imagen de Dios, y el Creador sabe lo que es mejor para Su creación. Ya que Dios inventó el sexo e instituyó el matrimonio, Él tiene el derecho para establecer las reglas que lo gobiernan. Dios desea que las parejas casadas disfruten el regalo del sexo, y también quiere proteger a Su pueblo de las terribles consecuencias que vienen como resultado de violar Sus leyes.

Por ser cristianos, nuestros matrimonios deberían servir como una visible ilustración del amor de Cristo por la iglesia. Sin embargo, cuando un matrimonio no es todo lo que podría ser, tal testimonio carecerá de valor. Ya hemos visto que Dios diseñó el sexo como una expresión del íntimo amor entre un hombre y su esposa. Sin embargo, somos continuamente bombardeados por los medios de comunicación, y nuestra cultura, con el mensaje que la monogamia está pasada de moda y que cualquier cosa resulta aceptable entre dos personas mayores de edad.

Esta semana veremos lo que Dios dice acerca del sexo fuera del matrimonio y aprenderemos si tal comportamiento es verdaderamente inofensivo como muchos afirman.

OBSERVA

Primero observemos brevemente algunos versículos del Antiguo Testamento que revelan la perspectiva de Dios respecto a la intimidad sexual fuera del matrimonio.

Líder: Lee los siguientes versículos en voz alta y pide al grupo que...
  • *Marque las palabras **adulterio** y **acostarás** con la letra **A** mayúscula.*

DISCUTE

• ¿Qué aprendiste al marcar adulterio en estos versículos?

Éxodo 20:14

14 "No cometerás adulterio.

Levítico 18:20

20 'No te acostarás con la mujer de tu prójimo, contaminándote con ella.

Levítico 20:10

10 'Si un hombre comete adulterio con la mujer de *otro* hombre, (que cometa adulterio con la mujer de su prójimo), el adúltero y la adúltera ciertamente han de morir.

ACLARACIÓN

Adulterio se refiere a la relación sexual entre una persona casada y otra que no sea su esposo o esposa. En la Biblia también incluye al sexo con una persona comprometida para casarse. El adulterio rompe la relación de "una sola carne" propia del matrimonio.

• ¿Qué consecuencia se especifica para el adulterio en Levítico 20:10?

• ¿Cómo ha afectado el adulterio a las familias y cultura de hoy?

Deuteronomio 22:22-27

22 "Si se encuentra a un hombre acostado con una mujer casada, los dos morirán, el hombre que se acostó con la mujer, y la mujer. Así quitarás el mal de Israel.

23 "Si hay una joven virgen que está comprometida a un hombre, y *otro* hombre la encuentra

OBSERVA

Deuteronomio es el libro de la Ley, que detalla cómo Israel debía ser gobernado por Dios y Sus leyes, estatutos y juicios. Esta porción de la Ley trata con crímenes sexuales e inmoralidad, proveyendo instrucciones muy específicas para que Israel supiera exactamente cómo manejar cada situación.

Líder: Lee Deuteronomio 22:22-27 y pide al grupo que diga en voz alta y...
- *Subraye las palabras acostado, acostó y acuesta.*
- *Marque cada referencia a las palabras morirán, mueran, morirá y muerte con una lápida, como ésta:* ⌂

DISCUTE

Estos versículos establecen las consecuencias para tres escenarios diferentes. Observa cada uno de ellos por separado y haz un breve resumen sobre la situación, las personas involucradas, la consecuencia y la razón dada para ella.

• Versículo 22

• Versículos 23-24

• Versículos 25-27

• En cada caso, ¿quién fue responsable del pecado?

• ¿Por qué?

en la ciudad y se acuesta con ella,

24 entonces ustedes llevarán a los dos a la puerta de esa ciudad y los apedrearán hasta que mueran; la joven, porque no dio voces en la ciudad, y el hombre, porque ha violado a la mujer de su prójimo; así quitarás el mal de en medio de ti.

25 "Pero si el hombre encuentra en el campo a la joven que está comprometida, y el hombre la fuerza y se acuesta con ella; entonces morirá sólo el que se acuesta con ella.

26 "No harás nada a la joven; no hay en la joven pecado digno de muerte, porque como

cuando un hombre se levanta contra su vecino y lo mata, así es este caso.

[27] "Cuando él la encontró en el campo, la joven comprometida dio voces, pero no había nadie que la salvara.

ACLARACIÓN

Un *pacto* es un formal y solemne acuerdo vinculante entre dos partes. Y el matrimonio es un pacto; en la ceremonia matrimonial se hacen votos o promesas entre el novio y la novia en presencia de varios testigos y de Dios. Nuestro Dios toma muy en serio los pactos y las promesas; pues Él mantiene Sus promesas y espera que nosotros hagamos lo mismo.

• Ya en una lección anterior vimos que, de acuerdo con Hebreos 13:4, el pacto matrimonial debe respetarse y que el lecho matrimonial debe ser sin mancilla (sin mancha). Entonces, ¿podrá romperse un pacto sin que haya consecuencias?

• ¿Cuál es el mal que debe ser quitado? Discute por qué este comportamiento es tan importante para Dios y por qué Él lo llama "maldad".

• Ya no se apedrea a la gente, pero Dios todavía sigue juzgando el pecado. Discute la diferencia que haría en nuestras vidas, si realmente entendiéramos el seguro juicio que vendrá como consecuencia de la evidente desobediencia de los mandamientos de Dios, incluso para los creyentes.

OBSERVA

Proverbios 5 trata de la sabiduría de no involucrarse en el adulterio. Con esto en mente veamos lo que Dios tiene que decir.

Líder: Lee Proverbios 5:15-23 en voz alta y pide al grupo que...
• *Dibuje una línea ondulada bajo cada referencia a las palabras tu, tus y ti, como ésta* 〰〰〰
• *Dibuje un rectángulo alrededor de la palabra hombre y de los pronombres que se refieren a él.*

DISCUTE

• Teniendo en mente el contexto de Proverbios 5, la sabiduría de no involucrarse en adulterio, ¿qué está advirtiéndole el padre a su hijo en los versículos 15 y 16?

Proverbios 5:15-23

15 Bebe agua de tu cisterna Y agua fresca de tu pozo.

16 ¿Se derramarán por fuera tus manantiales, *Tus* arroyos de aguas por las calles?

17 Sean para ti solo, Y no para los extraños contigo.

18 Sea bendita tu fuente, Y regocíjate con la mujer de tu juventud,

¹⁹ Amante cierva y graciosa gacela; Que sus senos te satisfagan en todo tiempo, Su amor te embriague para siempre.

²⁰ ¿Por qué has de embriagarte, hijo mío, con una extraña, Y abrazar el seno de una desconocida?

²¹ Pues los caminos del hombre están delante de los ojos del Señor, Y El observa todos sus senderos.

²² De sus propias iniquidades será presa el impío, Y en los lazos de su pecado quedará atrapado.

²³ Morirá por falta de instrucción, Y por su mucha necedad perecerá.

- El autor de Proverbios 5 parecería estar animando a tener sexo en los versículos 18 y 19; pero, ¿quién se presenta como el centro de la total atención sexual del hombre?

- Incluso si nadie más supiera lo que está pasando, ¿quién sabrá el secreto del adúltero?

- ¿Qué consecuencias promete Dios para el hombre que tiene una relación extramarital?

- Dios creó el sexo no solamente para la reproducción sino también para el disfrute. Y de acuerdo a lo que has visto, ¿cómo se contrasta el resultado del sexo dentro del matrimonio (versículos 18-19) con el resultado del adulterio?

OBSERVA

En el Sermón del Monte, en Mateo 5-7, Jesús definió la intención de la Ley del Antiguo Testamento y cómo se aplica dicha Ley a Sus seguidores.

Líder: Lee en voz alta Mateo 5:27-30 y pide al grupo que diga en voz alta y...
* *Marque cada referencia a la palabra **adulterio** con una **A** mayúscula.*

DISCUTE

* ¿Qué quiso decir Jesús en este pasaje?

* De acuerdo con Jesús, ¿dónde comienza el adulterio? Discute la diferencia que este conocimiento debería producir en la respuesta de una persona frente a la tentación.

* Con ello en mente, ¿qué papel juegan las imágenes, ya sea pornografía, sitios de Internet, revistas, películas, y otros, en la vida de un creyente?

* ¿Jesús estaba apoyando algún tipo de mutilación? Una persona ciega o inválida, ¿estaría protegida de las tentaciones sexuales? ¿Qué quiso decir Él? Explica tu respuesta.

Mateo 5:27-30

27 "Ustedes han oído que se dijo: 'NO COMETERAS ADULTERIO.'

28 "Pero Yo les digo que todo el que mire a una mujer para codiciarla ya cometió adulterio con ella en su corazón.

29 "Si tu ojo derecho te hace pecar, arráncalo y tíralo; porque te es mejor que se pierda uno de tus miembros, y no que todo tu cuerpo sea arrojado al infierno.

30 "Y si tu mano derecha te hace pecar, córtala y tírala; porque te es mejor que se pierda uno de tus miembros, y no que todo tu cuerpo vaya al infierno.

Romanos 13:8-10

8 No deban a nadie nada, sino el amarse unos a otros. Porque el que ama a su prójimo, ha cumplido la ley.

9 Porque esto: "NO COMETERAS ADULTERIO, NO MATARAS, NO HURTARAS, NO CODICIARAS," y cualquier otro mandamiento, en estas palabras se resume: "AMARAS A TU PROJIMO COMO A TI MISMO."

10 El amor no hace mal al prójimo. Por tanto, el amor es el cumplimiento de la ley.

OBSERVA

Pablo, en su carta a la iglesia en Roma, nos aclara más respecto a cómo debemos responder unos a otros como creyentes.

Líder: Lee en voz alta Romanos 13:8-10 y pide al grupo que diga en voz alta y...
- *Dibuje un corazón sobre cada referencia a amor:*
- *Marque la palabra adulterio con una A mayúscula.*

DISCUTE
- ¿Qué aprendiste al marcar amor en este pasaje?

- Discute cómo se relaciona el amor con el adulterio.

- En este contexto, ¿a quién podría considerársele como prójimo?

FINALIZANDO

El matrimonio es un pacto; un compromiso de lealtad y fidelidad mutua, que debe ser la imagen viva de la relación de Dios con Su pueblo. El sexo une a dos personas en la más íntima de las relaciones humanas; y dentro del contexto del pacto matrimonial, el sexo es bueno y hermoso. En cualquier otro contexto resulta malo y destructivo.

Dios prohíbe el adulterio porque, entre otras cosas, rompe la relación de "una sola carne" causando dolor y angustia.

Como cristianos no debemos practicar los pecados de quienes están a nuestro alrededor; incluso cuando sean "socialmente aceptables". ¡Debemos ser radicalmente diferentes! Pues ese es uno de los sellos distintivos del creyente. Necesitamos recordar que debemos glorificar a Dios en todo lo que hacemos, y que nuestro comportamiento debería siempre motivar y fortalecer a quienes nos rodean.

Por haber sido llamados a amar a Dios y a las personas, debemos comprometernos tanto a honrar nuestro matrimonio como ayudar a otros a hacer lo mismo.

En las últimas semanas hemos visto el diseño de Dios con respecto al sexo, incluyendo las limitaciones que Él impuso para su apropiado uso; de acuerdo a esto, cualquier comportamiento sexual fuera del vínculo del pacto matrimonial es dañino tanto para las personas involucradas como para sus familias y la sociedad.

Vimos también que el problema del adulterio, a pesar de ser algo consentido por nuestra cultura, es fuertemente condenado por Dios, puesto que Él conoce sus destructivos efectos. Esta semana examinaremos algunas otras áreas de actividad sexual que hoy en día son toleradas y aceptadas por muchos. Particularmente veremos el tema de la homosexualidad, pues en nuestra nación las relaciones entre el mismo sexo cada vez reciben más atención a medida que homosexuales y lesbianas exigen no solamente derechos civiles sino la completa aceptación de su "estilo de vida alternativo". En los EE.UU. algunos Estados están legalizando tanto los matrimonios como las adopciones por homosexuales. Incluso existen ciertos grupos eclesiásticos que están escogiendo homosexuales como sus líderes, y permitiendo que la homosexualidad se practique abiertamente entre sus miembros.

¿La homosexualidad es una aceptable expresión de amor entre dos personas o es una violación del diseño de Dios? Aunque este tema es algo difícil de tratar, la Palabra de Dios resulta muy clara al respecto. Observemos pues lo que Él dice.

Levítico 18:22, 20:13

[22] 'No te acostarás con varón como los que se acuestan con mujer; es una abominación.

[13] 'Si alguien se acuesta con varón como los que se acuestan con mujer, los dos han cometido abominación; ciertamente han de morir. Su culpa de sangre sea sobre ellos.

OBSERVA

La homosexualidad estaba asociada con los cultos paganos en Egipto, Canaán y otros lugares del mundo antiguo. Recuerda que el mandato de Dios para Su pueblo era: "serán, pues, santos porque Yo soy santo" (Levítico 11:45).

Líder: Lee en voz alta Levítico 18:22 y 20:13, y pide al grupo que diga en voz alta y...

- *Subraye las palabras **acostarás** y **acuesta**.*

ACLARACIÓN

Otra versión de la Biblia utiliza la palabra *infame* en Levítico 20:13. Dicha palabra es usada en el Antiguo Testamento para expresar una fuerte repulsión y describe las prácticas que son moralmente repulsivas para Dios.

Abominación es otra manera de decir "vergonzoso, despreciable o repulsivo", y a menudo se utiliza para referirse a la idolatría (el rendir culto hacia algo o alguien que no sea el único y verdadero Dios) y también a la homosexualidad.

DISCUTE

- ¿Qué actividad sexual es descrita en estos versículos?

- ¿Qué palabras se utilizan para describir dicho comportamiento? Basado en lo que leíste en el cuadro de Aclaración, ¿cuáles son los sentimientos de Dios para con esto?

- ¿Qué consecuencia especificó Dios para ese comportamiento, y por qué? Explica tu respuesta.

- Tomando en cuenta que el pueblo de Dios ha sido llamado a la santidad, discute cómo resulta afectado el nombre de Dios cuando Su pueblo participa en tales actividades.

OBSERVA

Con el transcurrir del tiempo, ¿habrá cambiado la posición de Dios en cuanto al comportamiento homosexual? Encontremos la respuesta leyendo lo que Pablo dijo sobre este tema cuando escribió a la iglesia en Roma respecto de aquellos quienes decidieron ignorar el diseño de Dios acerca del sexo. Presta particular atención a la respuesta de Dios para dicho comportamiento.

Romanos 1:24-27

24 Por lo cual Dios los entregó a la impureza en la lujuria de sus corazones, de modo que deshonraron entre sí sus propios cuerpos.

²⁵ Porque ellos cambiaron la verdad de Dios por la mentira, y adoraron y sirvieron a la criatura en lugar del Creador, quien es bendito por los siglos. Amén.

²⁶ Por esta razón Dios los entregó a pasiones degradantes; porque sus mujeres cambiaron la función natural por la que es contra la naturaleza.

²⁷ De la misma manera también los hombres, abandonando el uso natural de la mujer, se encendieron en su lujuria unos con otros, cometiendo hechos vergonzosos hombres con hombres, y recibiendo en sí mismos el castigo correspondiente a su extravío.

Líder: Lee Romanos 1:24-27 y pide al grupo que diga en voz alta y...

- *Encierre en un círculo la palabra **hombres** y los pronombres como **ellos** y **su**, que se refieran a los romanos.*
- *Subraye la frase **Dios los entregó.***

DISCUTE

- ¿Qué aprendiste de los romanos, acerca de quienes se discute en este pasaje?

- De acuerdo con el versículo 25, ¿qué hicieron ellos que motivó la intervención de Dios?

- ¿Qué mentira habían abrazado?

- ¿A qué "los entregó" Dios, y por qué?

- ¿Qué es descrito como natural en este pasaje? ¿Qué no es natural? Discute cómo puede verse manifestada la realidad de estos versículos en la actualidad.

OBSERVA

La ciudad de Corinto estaba inmersa en la inmoralidad. Su actividad religiosa se centraba en la diosa Afrodita e involucraba orgías y prostitución. Y, aunque los creyentes corintios habían sido rescatados del pecado, algunos de ellos aún eran tentados a volver a sus viejas costumbres. Pablo, conociendo esto, dirigió fuertes palabras para la iglesia en Corinto.

Líder: Lee 1 Corintios 6:9-11 y pide al grupo que diga en voz alta y...
- *Dibuje una línea inclinada sobre la palabra injustos, de esta forma: /*
- *Marque la palabra homosexuales con una H mayúscula.*

ACLARACIÓN

La palabra griega traducida como afeminados, en el versículo 9 es *malakós*; y se usa para describir al compañero pasivo dentro de una relación homosexual.

DISCUTE
- ¿Qué aprendiste acerca de los injustos?

1 Corintios 6:9-11

9 ¿O no saben que los injustos no heredarán el reino de Dios? No se dejen engañar: ni los inmorales, ni los idólatras, ni los adúlteros, ni los afeminados, ni los homosexuales,

10 ni los ladrones, ni los avaros, ni los borrachos, ni los difamadores, ni los estafadores heredarán el reino de Dios.

11 Y esto eran algunos de ustedes; pero fueron lavados, pero fueron santificados, pero fueron justificados en el nombre del Señor Jesucristo y en el Espíritu de nuestro Dios.

• De acuerdo a este pasaje, ¿cuáles son algunas de las características de los injustos? ¿Cómo encaja la homosexualidad en esto?

• Discute lo que aprendiste en el versículo 11 y cómo se relaciona con el comportamiento homosexual entre los creyentes.

• Después de convertirnos en cristianos, todavía somos capaces de pecar; pero, dicho comportamiento será resultado más de decisiones aisladas, que de un continuo estilo de vida. ¿Qué advertencia es dada en el versículo 9, y qué implica?

OBSERVA
La carta que llamamos Efesios fue escrita por el apóstol Pablo a la joven iglesia en Éfeso; en ella, el apóstol les instruye respecto al cambio que su fe debía de provocar en su estilo de vida.

Líder: Lee Efesios 5:3-6 y pide al grupo que...

- Marque las palabras **inmoralidad, inmoral, impureza e impuro** con una **I** mayúscula.
- Subraye la frase **_Que nadie los engañe_**.

DISCUTE
- ¿Qué aprendiste acerca de la inmoralidad y la impureza, en este pasaje?

- Como hemos visto, inmoralidad incluye cualquier comportamiento sexual que no ocurra entre un hombre y una mujer dentro del matrimonio. Con esto en mente, ¿qué indica este pasaje con respecto a la participación de un creyente en la homosexualidad? Explica tu respuesta.

- ¿Qué advertencia encontraste en el versículo 6?

Efesios 5:3-6

³ Pero que la inmoralidad, y toda impureza o avaricia, ni siquiera se mencionen entre ustedes, como corresponde a los santos.

⁴ Tampoco haya obscenidades, ni necedades, ni groserías, que no son apropiadas, sino más bien acciones de gracias.

⁵ Porque con certeza ustedes saben esto: que ningún inmoral, impuro, o avaro, que es idólatra, tiene herencia en el reino de Cristo y de Dios.

⁶ Que nadie los engañe con palabras vanas, pues por causa de estas cosas la ira de Dios viene sobre los hijos de desobediencia.

Gálatas 5:19-21

19 Ahora bien, las obras de la carne son evidentes, las cuales son: inmoralidad, impureza, sensualidad,

20 idolatría, hechicería, enemistades, pleitos, celos, enojos, rivalidades, disensiones, herejías,

21 envidias, borracheras, orgías y cosas semejantes, contra las cuales les advierto, como ya se lo he dicho antes, que los que practican tales cosas no heredarán el reino de Dios.

OBSERVA

El siguiente pasaje viene a continuación de la insistencia de Pablo a los creyentes gálatas para que caminen en el Espíritu y no de acuerdo a la carne. En estos versículos, él identificó algunas acciones claramente contrarias al Espíritu que habita en los creyentes.

Líder: Lee Gálatas 5:19-21 y pide al grupo que diga en voz alta y...
- *Marque las palabras **inmoralidad** e **impureza** con una **I** mayúscula.*

DISCUTE
- ¿Qué aprendiste de la inmoralidad y la impureza en este pasaje?

- De acuerdo a lo que vemos en el versículo 21, ¿qué podemos saber con certeza respecto a una persona que practica estas cosas como habitual estilo de vida?

- Según lo que has visto en las Escrituras, ¿la homosexualidad o el lesbianismo, como estilos de vida alternativos, son aceptables para el creyente? Discute tu respuesta.

OBSERVA

En la antigüedad, tanto los cananeos como los egipcios practicaron la bestialidad, el tener sexo con animales, como parte de su culto idólatra. Sin embargo, y aunque suene insólito para muchos de nosotros, este comportamiento todavía sigue practicándose actualmente. En Internet encontramos abundantes referencias a la bestialidad; y usando Google (un motor de búsqueda de Internet) podemos encontrar más de tres millones de resultados referentes a este tema; por lo tanto, no podemos pretender que éste no sea un asunto delicado. Dios mismo confrontó esta práctica y necesitamos saber lo que Él dice sobre el tema.

Líder: Lee Éxodo 22:19, Levítico 20:15-16 y Deuteronomio 27:21. Pide al grupo que...
- *Subraye las frases se eche con un animal y Si alguien tiene trato sexual con un animal.*

DISCUTE
- ¿Qué aprendiste de estos versículos?

- ¿Qué tan seriamente ve Dios esta ofensa? ¿Qué consecuencia debía darse para ella? Explica tu respuesta.

Éxodo 22:19

19 "A cualquiera que se eche con un animal, ciertamente se le dará muerte.

Levítico 20:15-16

15 'Si alguien tiene trato sexual con un animal, ciertamente se le dará muerte; también matarán al animal.

16 'Si alguna mujer se llega a un animal para tener trato sexual con él, matarás a la mujer y al animal; ciertamente han de morir. Su culpa de sangre sea sobre ellos.

Deuteronomio 27:21

21 'Maldito el que se eche con cualquier animal.' Y todo el pueblo dirá: 'Amén.'

• De acuerdo con Deuteronomio 27:21, ¿cuál es el destino de la persona que participa de tal maldad?

• ¿Cómo debía responder la gente? Recuerda que aprendimos que la palabra amén significa "que así sea". Entonces, ¿qué estaría diciendo la gente al responder de esta manera?

Levítico 18:24-30

[24] 'No se contaminen con ninguna de estas cosas, porque por todas estas cosas se han contaminado las naciones que voy a echar de delante de ustedes.

[25] 'Porque esta tierra se ha corrompido, por tanto, he castigado su iniquidad sobre ella, y la tierra ha vomitado a sus moradores.

OBSERVA

La perversión sexual es como una enfermedad que puede contagiarse a toda la sociedad. Dios tiene una relación especial con la nación de Israel, así que es lógico que Sus leyes se apliquen a ella. Pero, ¿también son aplicables las leyes de Dios, para todas las demás naciones?

Líder: Lee Levítico 18:24-30 y pide al grupo que...
- *Marque las palabras **contaminen**, **contaminado** y **corrompido** con una **X** mayúscula.*
- *Dibuje una línea ondulada bajo cada referencia a **abominaciones** y **abominables**.*

A medida que vayas leyendo este pasaje, deberás tener en cuenta su contexto. El tema del libro de Levítico es la santidad. En el versículo 24, las palabras "estas cosas" hacen referencia a los pecados sexuales anteriormente mencionados en el capítulo.

DISCUTE

• Discute la advertencia dada a los israelitas en los versículos 24-25. ¿Cuál era esta advertencia y por qué les fue dada?

• Recordando todo lo que hemos visto en las semanas pasadas, ¿qué causaría, de manera específica, que la nación se contaminara?

• De acuerdo al versículo 24, ¿por qué Dios echó de esa tierra a las naciones?

• No solo las naciones se habían contaminado, ¿qué otra cosa también se había corrompido, de acuerdo con el versículo 25?

26 'Pero en cuanto a ustedes, guardarán Mis estatutos y Mis leyes y no harán ninguna de estas abominaciones, *ni* el nativo ni el extranjero que reside entre ustedes

27 (porque los hombres de esta tierra que *fueron* antes de ustedes han hecho todas estas abominaciones, y la tierra se ha contaminado),

28 no sea que la tierra los vomite por haberla contaminado, como vomitó a la nación que *estuvo* antes de ustedes.

29 'Porque todo el que haga cualquiera de estas abominaciones, aquellas personas que *las* hagan, serán exterminadas de entre su pueblo.

[30] 'Por tanto, ustedes guardarán Mi ordenanza, no practicando ninguna de las costumbres abominables que se practicaron antes de ustedes, para que no se contaminen con ellas. Yo soy el SEÑOR su Dios.'"

- ¿Qué instrucciones se les dio a los israelitas en el versículo 26? ¿Quién más debía obedecer esas instrucciones?

- Si los israelitas no obedecían las instrucciones de Dios, sino que se volvían iguales a las otras naciones, ¿qué podían esperar? Explica tu respuesta.

- De acuerdo al versículo 30, ¿qué advertencia fue dada específicamente a los israelitas, y por qué?

- Hemos visto a Dios recalcando Su autoridad sobre la vida de los israelitas. Y, ¿qué tipo de autoridad tiene Él sobre la vida de los creyentes? Piensa acerca de esto.

FINALIZANDO

En la actualidad, el llamar "pecado" a la homosexualidad podría ser causa suficiente para que una persona fuera demandada judicialmente, o incluso arrestada, bajo el cargo de discriminación. Muchos incluso alegan que la Biblia no trata de manera específica este tema; peor aún condenar el comportamiento homosexual. Pero como hemos visto, tanto Éxodo como Levítico señalan e identifican dicho comportamiento como pecado—un pecado tan serio como para merecer la pena de muerte bajo la Ley del Antiguo Testamento. En el Nuevo Testamento, Pablo también identifica los actos homosexuales entre creyentes como algo que "deshonra" sus cuerpos; y habló acerca de las pasiones degradantes que conducen a tales "hechos vergonzosos" (Romanos 1:24-27). Sin importar lo que la cultura diga sobre la homosexualidad, la Biblia claramente identifica esta práctica sexual como pecado.

Hoy en día, como cristianos podemos tomar una posición moral sobre lo que es correcto sin llegar a los insultos u otros comportamientos hirientes. Debemos decir la verdad en amor, escogiendo cuidadosamente nuestras palabras para con aquellos fuera de nuestra iglesia; enfatizando el perdón de todos los pecados, que viene como resultado de la fe personal en Cristo Jesús.

Sin embargo, quienes digan ser cristianos y aún así practiquen la homosexualidad, o cualquier otro comportamiento fuera de los límites que Dios ha establecido, deberán enfrentarse a la verdad de nuestro Dios santo; Quien exige que todo aquel que tenga una relación con Él, deberá apartarse de su iniquidad para vivir una vida santa y devota. En ésta, como en todas las áreas de la vida, debemos ser santos como Él es santo.

SEXTA SEMANA

Hemos visto claramente que Dios desea que Su pueblo sea único y separado del mundo. Pero, ¿qué pasa si ya te has equivocado? ¿Es posible tener una relación con Dios después de haber violado Sus leyes? ¿Qué puedes hacer para sanar tu pasado? Estas son las preguntas que responderemos en nuestra última semana.

OBSERVA

¿Es posible el perdón para quienes se arrepientan, cambiando de parecer acerca de sus acciones y se alejen de ellas? Veamos nuevamente el recordatorio del apóstol Pablo a los seguidores de Cristo en Corinto.

Líder: Lee en voz alta 1 Corintios 6:9-11 y pide al grupo que diga en voz alta y...
- *Encierre en un círculo la frase **esto eran algunos de ustedes.***
- *Subraye la frase **pero fueron.***

DISCUTE

- De acuerdo a lo que leíste en este pasaje, ¿quiénes no heredarán el reino de Dios?

- De las características mencionadas, ¿cuáles se relacionan particularmente con lo que hemos estudiado en estas semanas?

1 Corintios 6:9-11

9 ¿O no saben que los injustos no heredarán el reino de Dios? No se dejen engañar: ni los inmorales, ni los idólatras, ni los adúlteros, ni los afeminados, ni los homosexuales,

10 ni los ladrones, ni los avaros, ni los borrachos, ni los difamadores, ni los estafadores heredarán el reino de Dios.

11 Y esto eran algunos de ustedes; pero fueron lavados, pero fueron santificados, pero fueron justificados en el nombre del Señor Jesucristo y en el Espíritu de nuestro Dios.

ACLARACIÓN

Lavado significa "ser limpiado, estar libre de pecado".

Santificado significa "limpio, puro; ser separado como santo".

Justificado significa "ser hecho justo o santo".

• ¿Qué les estaba recordando Pablo a los corintios en estos versículos?

• ¿Cómo fueron lavados, limpiados de sus pecados y renovados?

1 Corintios 6:15-20

15 ¿No saben que sus cuerpos son miembros de Cristo (el Mesías)? ¿Tomaré, acaso, los miembros de Cristo y los haré miembros de una ramera? ¡De ningún modo!

16 ¿O no saben que el que se une a una ramera es un cuerpo con *ella*? Porque El dice: "LOS DOS VENDRAN A SER UNA SOLA CARNE."

17 Pero el que se une al Señor, es un espíritu *con El* .

OBSERVA

Continuemos con 1 Corintios 6 para ver qué más deseaba Pablo que los primeros creyentes supieran acerca de vivir a la luz de su nueva vida en Cristo.

Líder: Lee 1 Corintios 6:15-20 en voz alta y pide al grupo que...
- *Dibuje una línea ondulada* 〰〰 *bajo las palabras* **cuerpos y miembros**
- *Marque la palabra* **fornicación** *con una* **F** *mayúscula.*

DISCUTE

• Después de todo lo que Dios había hecho por estos creyentes, ¿qué responsabilidad tenían ellos, respecto al uso de sus cuerpos?

• Discute lo que significan éste y el anterior pasaje en la vida de un creyente, y cómo deberían impactar nuestro estilo de vida las verdades aquí reveladas.

OBSERVA

¿Has hecho algo indebido en tu vida? ¿Te sientes indigno del amor de Dios?

Líder: Lee 1 Juan 1:5-9, Salmo 32:5 y Proverbios 28:13 y pide al grupo que...
• *Dibuje una línea inclinada sobre las palabras **pecado**, **iniquidad** y **transgresiones**, como ésta:* /
• *Marque cada referencia a **Dios**, incluyendo sus pronombres y sinónimos, con un triángulo, como éste:* △
• *Encierre en un círculo la palabra **comunión**.*

18 Huyan de la fornicación. Todos *los demás* pecados que un hombre comete están fuera del cuerpo, pero el fornicario peca contra su propio cuerpo.

19 ¿O no saben que su cuerpo es templo del Espíritu Santo que está en ustedes, el cual tienen de Dios, y que ustedes no se pertenecen a sí mismos?

20 Porque han sido comprados por un precio. Por tanto, glorifiquen a Dios en su cuerpo y en su espíritu, los cuales son de Dios.

1 Juan 1:5-9

5 Y éste es el mensaje que hemos oído de El y que les anunciamos: Dios es Luz, y en El no hay ninguna tiniebla.

6 Si decimos que tenemos comunión con El, pero andamos en tinieblas, mentimos y no practicamos la verdad.

7 Pero si andamos en la Luz, como El está en la Luz, tenemos comunión los unos con los otros, y la sangre de Jesús Su Hijo nos limpia de todo pecado.

8 Si decimos que no tenemos pecado, nos engañamos a nosotros mismos y la verdad no está en nosotros.

9 Si confesamos nuestros pecados, El es fiel y justo para perdonarnos los pecados y para limpiarnos de toda maldad (iniquidad).

Salmo 32:5

5 Te manifesté mi pecado, Y no encubrí mi iniquidad. Dije: "Confesaré mis transgresiones al SEÑOR;" Y Tú perdonaste la culpa de mi pecado. (Selah)

Proverbios 28:13

13 El que encubre sus pecados no

ACLARACIÓN

Confesar nuestros pecados significa mucho más que simplemente "admitir" el habernos equivocado. La palabra *confesar* significa "decir la misma cosa". Así que confesar tu pecado significa decir lo mismo que dice Dios acerca de él.

DISCUTE

• ¿Qué aprendiste acerca de la comunión, en este pasaje? ¿Cómo podemos gozar de la comunión con Dios?

• Discute lo que aprendiste al marcar las referencias a pecado.

• ¿Cómo debemos tratar con nuestro pecado?

• Cuando confesamos nuestros pecados, ¿qué promete Dios y cuál será el resultado? Explica tu respuesta.

• Ahora bien, Dios no solamente perdona nuestros pecados; ¿qué más hace Dios y qué significa eso?

• ¿Qué sucede con nuestra culpa?

OBSERVA

Una vez que has confesado tu pecado, y que Dios te ha perdonado y limpiado, ¿qué más tienes que hacer?

Líder: Lee en voz alta Efesios 5:3-10. Pide al grupo que diga en voz alta y ...
• *Marque la palabra* **inmoralidad** *con una* **I** *mayúscula.*
• *Marque la palabra* **impureza** *con una* **X** *mayúscula.*
• *Subraye con una línea doble la frase* **<u>anden como hijos de luz</u>**.

DISCUTE
• Discute lo que aprendiste al marcar inmoralidad e impureza.

• ¿Qué aprendiste acerca del estilo de vida de los cristianos comparándolo con la gente del mundo en los versículos 3-7? Compáralo con lo que hemos aprendido en lecciones anteriores.

• ¿Cómo puede afectar tu testimonio el violar estos principios?

prosperará, Pero el que *los* confiesa y *los* abandona hallará misericordia.

Efesios 5:3-10

³ Pero que la inmoralidad, y toda impureza o avaricia, ni siquiera se mencionen entre ustedes, como corresponde a los santos.

⁴ Tampoco haya obscenidades, ni necedades, ni groserías, que no son apropiadas, sino más bien acciones de gracias.

⁵ Porque con certeza ustedes saben esto: que ningún inmoral, impuro, o avaro, que es idólatra, tiene herencia en el reino de Cristo y de Dios.

⁶ Que nadie los engañe con palabras vanas, pues por

causa de estas cosas la ira de Dios viene sobre los hijos de desobediencia.

7 Por tanto, no sean partícipes con ellos;

8 porque antes ustedes eran tinieblas, pero ahora son luz en el Señor; anden como hijos de luz.

9 Porque el fruto de la luz *consiste* en toda bondad, justicia y verdad.

10 Examinen qué es lo que agrada al Señor,

• De acuerdo al versículo 8, ¿qué eras antes y qué eres ahora? ¿Qué mandato es dado aquí?

• Observa detenidamente los versículos 9 y 10. ¿Qué caracteriza a alguien que camina como hijo de Luz?

FINALIZANDO

Hemos visto claramente que el sexo fue diseñado por Dios. Fue Él quien creó los seres humanos, al hombre y la mujer; fue Él quien dijo a Adán y Eva que sean fructíferos y se multipliquen, y también fue Dios quien dijo que el sexo había sido diseñado para nuestro placer. Sin embargo, demasiada gente ha creído las mentiras de Satanás acerca del sexo; y ha descubierto, lamentablemente con dolor, que Dios había establecido limites para el sexo con la intención de protegernos de las destructivas consecuencias de su mal uso.

¿Se ha deteriorado tu vida por tus decisiones sexuales? ¿Te sientes indigno del amor del Padre? ¿Sucio? ¿Despreciable?

Habiendo visto por ti mismo lo que Dios dice, ¿te das cuenta que, sin importar lo que hayas hecho, puedes estar seguro de recibir un completo y absoluto perdón? Aunque hayas estado involucrado en comportamientos sexuales inmorales, incluyendo sexo fuera del matrimonio, sexo oral, acariciarse y tocarse de manera inapropiada, incesto, adulterio, homosexualidad, lesbianismo, bestialidad o pornografía, tú puedes ser perdonado. Y tal vez tu pregunta sea: "¡¿Cómo?!".

1. Primero, **admite ante Dios que has pecado—que has roto Su santa Ley revelándote contra Su santa voluntad**; y debes hacerlo mencionando tus pecados por su nombre. Puesto que la palabra confesar significa en 1 Juan 1:9 "decir la misma cosa", para confesar tu pecado debes estar de acuerdo con Dios en que lo que hiciste está mal.

2. **Asume la responsabilidad de tus pecados**, y no culpes a otros por ellos. Reconoce pues tus pecados y asume toda la responsabilidad.

3. **Agradece a Dios por la sangre de Cristo Jesús, la cual te limpia de todo pecado, y con fe acepta Su perdón**. Recuerda, el perdón siempre se basa en la gracia (en el favor de Dios) y no es algo que pueda merecerse "pero donde el pecado abundó, sobreabundó la gracia" (Romanos 5:20).

4. **Cree en Dios y Su Palabra**. "Por lo tanto, ahora no hay condenación para los que están en Cristo Jesús" (Romanos 8:1). Sin importar lo que sientas, aférrate en fe a lo que Dios dice, y no permitas que Satanás, el acusador de los hermanos, te robe la victoria de la fe.

5. **Agradece a Dios por el regalo de Su Santo Espíritu y dile que quieres caminar en el Espíritu y que no satisfarás más los deseos de la carne** (Gálatas 5:16). Las oraciones de este tipo son las que demuestran un verdadero arrepentimiento.

La Escritura nos desafía a creer lo que Dios dice y a cambiar nuestro comportamiento conforme a ello. En la práctica, tu sistema de creencias siempre determinará tu comportamiento. Pues bien, una vez que has visto lo que Dios dice acerca del sexo; ¿elegirás creerlo, caminar de acuerdo a ello y enseñarlo?

Esta singular serie de estudios bíblicos de Kay Arthur y del equipo de enseñanza de Ministerios Precepto Internacional, aborda temas con los que luchan las mentes investigadoras; y lo hace en breves lecciones muy fáciles de entender e ideales para reuniones de grupos pequeños. Estos cursos de estudio bíblico, de la serie 40 minutos, pueden realizarse siguiendo cualquier orden. Sin embargo, a continuación te mostramos una posible secuencia a seguir:

¿Cómo Sabes que Dios es Tu Padre?

Muchos dicen: "Soy Cristiano"; pero, ¿cómo pueden saber si Dios realmente es su Padre—y si el cielo será su futuro hogar? La epístola de 1 Juan fue escrita con este propósito—que tú puedas saber si realmente tienes la vida eterna. Éste es un esclarecedor estudio que te sacará de la oscuridad y abrirá tu entendimiento hacia esta importante verdad bíblica.

Cómo Tener una Relación Genuina con Dios

A quienes tengan el deseo de conocer a Dios y relacionarse con Él de forma significativa, Ministerios Precepto abre la Biblia para mostrarles el camino a la salvación. Por medio de un profundo análisis de ciertos pasajes bíblicos cruciales, este esclarecedor estudio se enfoca en dónde nos encontramos con respecto a Dios, cómo es que el pecado evita que lo conozcamos y cómo Cristo puso un puente sobre aquel abismo que existe entre los hombres y su SEÑOR.

Ser un Discípulo: Considerando Su Verdadero Costo

Jesús llamó a Sus seguidores a ser discípulos. Pero el discipulado viene con un costo y un compromiso incluido. Este estudio da una mirada inductiva a cómo la Biblia describe al discípulo, establece las características de un seguidor de Cristo e invita a los estudiantes a aceptar Su desafío, para luego disfrutar de las eternas bendiciones del discipulado.

¿Vives lo que Dices?

Este estudio inductivo de Efesios 4 y 5, está diseñado para ayudar a los estudiantes a que vean, por sí mismos, lo que Dios dice respecto al estilo de vida de un verdadero creyente en Cristo. Este estudio los capacitará para vivir de una manera digna de su llamamiento; con la meta final de desarrollar un andar diario con Dios, caracterizado por la madurez, la semejanza a Cristo y la paz.

Viviendo Una Vida de Verdadera Adoración

La adoración es uno de los temas del cristianismo peor entendidos; y este estudio explora lo que la Biblia dice acerca de la adoración: ¿qué es? ¿Cuándo sucede? ¿Dónde ocurre? ¿Se basa en las emociones? ¿Se limita solamente a los domingos en la iglesia? ¿Impacta la forma en que sirves al SEÑOR? Para éstas, y más preguntas, este estudio nos ofrece respuestas bíblicas novedosas.

Descubriendo lo que Nos Espera en el Futuro

Con todo lo que está ocurriendo en el mundo, las personas no pueden evitar cuestionarse respecto a lo que nos espera en el futuro. ¿Habrá paz alguna vez en la tierra? ¿Cuánto tiempo vivirá el mundo bajo la amenaza del terrorismo? ¿Hay un horizonte con un solo gobernante mundial? Esta fácil guía de estudio conduce a los lectores a través del importante libro de Daniel; libro en el que se establece el plan de Dios para el futuro.

Cómo Tomar Decisiones Que No Lamentarás

Cada día nos enfrentamos a innumerables decisiones; y algunas de ellas pueden cambiar el curso de nuestras vidas para siempre. Entonces, ¿a dónde acudes en busca de dirección? ¿Qué debemos hacer cuando nos enfrentamos a una tentación? Este breve estudio te brindará una práctica y valiosa guía, al explorar el papel que tiene la Escritura y el Espíritu Santo en nuestra toma de decisiones.

Dinero y Posesiones: La Búsqueda del Contentamiento

Nuestra actitud hacia el dinero y las posesiones reflejará la calidad de nuestra relación con Dios. Y, de acuerdo con las Escrituras, nuestra visión del dinero nos muestra dónde está descansando nuestro verdadero amor. En este estudio, los lectores escudriñarán las Escrituras para aprender de dónde proviene el dinero, cómo se supone que debemos manejarlo y cómo vivir una vida abundante, sin importar nuestra actual situación financiera.

Cómo Puede un Hombre Controlar Sus Pensamientos, Deseos y Pasiones

Este estudio capacita a los hombres con la poderosa verdad de que Dios ha provisto todo lo necesario para resistir la tentación; y lo hace, a través de ejemplos de hombres en las Escrituras, algunos de los cuales cayeron en pecado y otros que se mantuvieron firmes. Aprende cómo escoger el camino de pureza, para tener la plena confianza de que, a través del poder del Espíritu Santo y la Palabra de Dios, podrás estar algún día puro e irreprensible delante de Dios.

Viviendo Victoriosamente en Tiempos de Dificultad

Vivimos en un mundo decadente poblado por gente sin rumbo, y no podemos escaparnos de la adversidad y el dolor. Sin embargo, y por alguna razón, los difíciles tiempos que actualmente se viven son parte del plan de Dios y sirven para Sus propósitos. Este valioso estudio ayuda a los lectores a descubrir cómo glorificar a Dios en medio del dolor; al tiempo que aprendemos cómo encontrar gozo aun cuando la vida parezca injusta, y a conocer la paz que viene al confiar en el Único que puede brindar la fuerza necesaria en medio de nuestra debilidad.

Edificando un Matrimonio que en Verdad Funcione

Dios diseñó el matrimonio para que fuera una relación satisfactoria y realizadora; creando a hombres y mujeres para que ellos—juntos y como una sola carne—pudieran reflejar Su amor por el mundo. El matrimonio, cuando es vivido como Dios lo planeó, nos completa, nos trae gozo y da a nuestras vidas un fresco significado. En este estudio, los lectores examinarán el diseño de Dios para el matrimonio y aprenderán cómo establecer y mantener el tipo de matrimonio que trae gozo duradero.

El Perdón: Rompiendo el Poder del Pasado

El perdón puede ser un concepto abrumador, sobre todo para quienes llevan consigo profundas heridas provocadas por difíciles situaciones de su pasado. En este estudio innovador, obtendrás esclarecedores conceptos del perdón de Dios para contigo, aprenderás cómo responder a aquellos que te han tratado injustamente, y descubrirás cómo la decisión de perdonar rompe las cadenas de un doloroso pasado y te impulsa hacia un gozoso futuro.

Elementos Básicos para la Oración Efectiva

Esta perspectiva general sobre este tema te guiará a una vida de oración con más fervor a medida que aprendes lo que Dios espera de tus oraciones y qué puedes esperar de Él. Un detallado examen del Padre Nuestro, y de algunos importantes principios obtenidos de ejemplos de oraciones a través de la Biblia, te desafiarán a un mayor entendimiento de la voluntad de Dios, Sus caminos y Su amor por ti mientras experimentas lo que significa verdaderamente el acercarse a Dios en oración.

Cómo se Hace Un Líder al Estilo de Dios

¿Qué espera Dios de quienes Él coloca en lugares de autoridad? ¿Qué características marcan al verdadero líder efectivo? ¿Cómo puedes ser el líder que Dios te ha llamado a ser? Encontrarás las respuestas a éstas, y otras preguntas, en este poderoso estudio de cuatro importantes líderes de Israel—Elí, Samuel, Saúl y David— cuyas vidas señalan principios que necesitamos conocer como líderes en nuestros hogares, en nuestras comunidades, en nuestras iglesias y finalmente en nuestro mundo.

¿Qué Dice la Biblia Acerca del Sexo?

Nuestra cultura está saturada de sexo, pero muy pocos tienen una idea clara de lo que Dios dice acerca de este tema. En contraste a la creencia popular, Dios no se opone al sexo; únicamente, a su mal uso. Al aprender acerca de las barreras o límites que Él ha diseñado para proteger este regalo, te capacitarás para enfrentar las mentiras del mundo y aprender que Dios quiere lo mejor para ti.

Principios Clave para el Ayuno Bíblico

La disciplina espiritual del ayuno data desde tiempos muy antiguos. Sin embargo, el propósito y naturaleza de esta práctica es frecuentemente malentendido. Este innovador estudio explica por qué el ayuno es tan importante en la vida del creyente, esclarece principios bíblicos para poder ayunar efectivamente y muestra cómo esta disciplina nos conduce a una más profunda relación con Dios.

ACERCA DE MINISTERIOS PRECEPTO INTERNACIONAL

Ministerios Precepto Internacional fue levantado por Dios para el solo propósito de establecer a las personas en la Palabra de Dios para producir reverencia a Él. Sirve como un brazo de la iglesia sin ser parte de una denominación. Dios ha permitido a Precepto alcanzar más allá de las líneas denominacionales sin comprometer las verdades de Su Palabra inerrante. Nosotros creemos que cada palabra de la Biblia fue inspirada y dada al hombre como todo lo que necesita para alcanzar la madurez y estar completamente equipado para toda buena obra de la vida. Este ministerio no busca imponer sus doctrinas en los demás, sino dirigir a las personas al Maestro mismo, Quien guía y lidera mediante Su Espíritu a la verdad a través de un estudio sistemático de Su Palabra. El ministerio produce una variedad de estudios bíblicos e imparte conferencias y Talleres Intensivos de entrenamiento diseñados para establecer a los asistentes en la Palabra a través del Estudio Bíblico Inductivo.

Jack Arthur y su esposa, Kay, fundaron Ministerios Precepto en 1970. Kay y el equipo de escritores del ministerio producen estudios **Precepto sobre Precepto,** Estudios **In & Out**, estudios de la **serie Señor**, estudios de la **Nueva serie de Estudio Inductivo**, estudios **40 Minutos** y **Estudio Inductivo de la Biblia Descubre por ti mismo para niños.** A partir de años de estudio diligente y experiencia enseñando, Kay y el equipo han desarrollado estos cursos inductivos únicos que son utilizados en cerca de 185 países en 70 idiomas.

MOVILIZANDO

Estamos movilizando un grupo de creyentes que "manejan bien la Palabra de Dios" y quieren utilizar sus dones espirituales y talentos para alcanzar 10 millones más de personas con el estudio bíblico inductivo para el año 2015. Si compartes nuestra pasión por establecer a las personas en la Palabra de Dios, te invitamos a leer más. Visita **www.precept.org/Mobilize** para más información detallada.

RESPONDIENDO AL LLAMADO

Ahora que has estudiado y considerado en oración las escrituras, ¿hay algo nuevo que debas creer o hacer, o te movió a hacer algún cambio en tu vida? Es una de las muchas cosas maravillosas y sobrenaturales que resultan de estar en Su Palabra – Dios nos habla.

En Ministerios Precepto Internacional, creemos que hemos escuchado a Dios hablar acerca de nuestro rol en la Gran Comisión. Él nos ha dicho en Su Palabra que hagamos discípulos enseñando a las personas cómo estudiar Su Palabra. Planeamos alcanzar 10 millones más de personas con el Estudio Bíblico Inductivo para el año 2015.

Si compartes nuestra pasión por establecer a las personas en la Palabra de Dios, ¡te invitamos a que te unas a nosotros! ¿Considerarías en oración aportar mensualmente al ministerio? Hemos hecho las cuentas y por cada $2 que aportes, podremos alcanzar una persona con este estudio que cambia vidas. Si ofrendas en línea en **www.precept.org/ATC**, ahorramos gastos administrativos para que tus dólares alcancen a más gente. Si aportas mensualmente como una ofrenda mensual, menos dólares van a gastos administrativos y más van al ministerio.
Por favor ora acerca de cómo el Señor te podría guiar a responder el llamado.

COMPRA CON PROPÓSITO
Cuando compras libros, estudios, audio y video, por favor cómpralos de Ministerios Precepto a través de nuestra tienda en línea (**http://store.precept.org/**) o en la oficina de Precepto en tu país. Sabemos que podrías encontrar algunos de estos materiales a menor precio en tiendas con fines de lucro, pero cuando compras a través de nosotros, las ganancias apoyan el trabajo que hacemos:

• Desarrollar más estudios bíblicos inductivos
• Traducir más estudios en otros idiomas
• Apoyar los esfuerzos en 185 países
• Alcanzar millones diariamente a través de la radio y televisión
• Entrenar pastores y líderes de estudios bíblicos alrededor del mundo
• Desarrollar estudios inductivos para niños para comenzar su viaje con Dios
• Equipar a las personas de todas las edades con las habilidades es estudio bíblico que transforma vidas

Cuando compras en Precepto, ¡ayudas a establecer a las personas en la Palabra de Dios!

ENTRENAMIENTO GRATUITO EN CÓMO USAR LA SERIE "40 MINUTOS"

Nuestra misión es

ESTABLECER A LAS PERSONAS EN LA PALABRA DE DIOS

En Ministerios Precepto creemos que la única respuesta verdadera para impactar a nuestro tan necesitado mundo *es una vida transformada* por la poderosa Palabra de Dios. Con esto en mente, nos estamos movilizando para alcanzar al mundo hispano con el fin de que aprenda a "usar bien la Palabra de Verdad". Para ello, actualmente estamos ofreciendo **entrenamiento gratuito** en las destrezas necesarias para el Estudio Bíblico Inductivo.

¡Únetenos en esta maravillosa experiencia de conocer la metodología inductiva y de aprender a usar nuestra serie de "40 Minutos"!

Puedes comunicarte con nosotros:

Llamándonos al 1-866-255-5942
O enviarnos un email a nuestra dirección: wcasimiro@precept.org

También puedes escribirnos solicitando más información a:
Precept Ministries International
Spanish Ministry
P.O. BOX 182218
Chattanooga, TN 37422
O visitar nuestra página WEB: www.precept.org

Estamos a tu completa disposición, pues estamos convencidos que existimos para cooperar juntamente con la iglesia local con el fin de ver a nuestro pueblo viviendo como ejemplares seguidores de Jesucristo, que estudian la Biblia inductivamente, miran al mundo bíblicamente, hacen discípulos intencionalmente y sirven fielmente a la iglesia en el poder del Espíritu Santo.

40
Minutos
DE ESTUDIO BÍBLICO

PROGRAMA DE
ESTUDIO
EN 6 SEMANAS

**MINISTERIOS
PRECEPTO
INTERNACIONAL**

¿QUÉ DICE

LA BIBLIA

ACERCA DEL

SEXO?

**KAY ARTHUR
BJ LAWSON**

¿Qué Dice La Biblia Acerca Del Sexo?
Publicado en inglés por WaterBrook Press
12265 Oracle Boulevard, Suite 200
Colorado Springs, Colorado 80921
Una división de Random House Inc.

Todas las citas bíblicas han sido tomadas de la Nueva Biblia Latinoamericana de Hoy;
texto basado en La Biblia de las Américas®. © Copyright 1986, 1995, 1997 por la
Fundación Lockman.
Usadas con permiso (www.lockman.org).

ISBN 978-1-62119-023-3

CÓMO USAR ESTE ESTUDIO

Este estudio bíblico inductivo ha sido diseñado para grupos pequeños que estén interesados en conocer la Biblia, pero que dispongan de poco tiempo para reunirse. Resulta ideal, por ejemplo, para grupos que se reúnan a la hora de almuerzo en el trabajo, para estudios bíblicos de hombres, para grupos de estudio de damas o para clases pequeñas de Escuela Dominical. También es muy útil para grupos que se reúnan durante períodos más largos como por las noches o sábados por la mañana—que sólo quieran dedicar una parte de su tiempo al estudio bíblico; reservando el resto del tiempo para la oración, comunión y otras actividades.

El presente libro está diseñado de tal forma que el propio grupo complete la tarea de cada lección *al mismo tiempo* que realiza el estudio. La discusión de las observaciones obtenidas, respecto a lo que Dios dice acerca del tema, revelará innovadoras e impactantes verdades aplicables a sus vidas.

Aunque se trate de un grupo de estudio, necesitarán un facilitador que lidere y mantenga activa la discusión. (La función de esta persona *no* es la de conferenciante o maestro; sin embargo, al usar este libro en una clase de Escuela Dominical, o en una reunión similar, el líder deberá sentirse en libertad de dirigir el estudio de una forma más abierta, brindando observaciones complementarias, además de las incluidas en la lección semanal). Si eres el moderador del grupo, a continuación encontrarás algunas recomendaciones que ayudarán a que tu labor sea algo más fácil:

• Antes de dirigir al grupo, revisa toda la lección y marca el texto. Esto te familiarizará con su contenido y te capacitará para ayudarles con mayor facilidad. La dirección del grupo te será más cómoda si tú mismo sigues las instrucciones de cómo marcar y si escoges un color específico para cada símbolo que marques.

- Al dirigir el grupo, comienza por el inicio del texto leyéndolo en voz alta según el orden que aparece en la lección; incluye además los "cuadros de aclaración" que podrían aparecer después de las instrucciones y en medio de tus observaciones o de la discusión. Trabajen juntos la lección, observando y discutiendo todo cuanto aprendan. Al leer los versículos bíblicos, pide que el grupo diga en voz alta la palabra que está marcándose en el texto.
- Las preguntas de discusión sirven para ayudarte a cubrir toda la lección. A medida que la clase participe en la discusión, te irás dando cuenta que ellos responderán las preguntas por sí mismos. Ten presente que las preguntas de discusión son para guiar al grupo en el tema, y no para suprimir la discusión.
- Recuerda lo importante que resulta para la gente el expresar sus respuestas y descubrimientos; esto fortalecerá grandemente su entendimiento personal de la lección semanal. ¡Asegúrate que todos tengan oportunidad de contribuir en la discusión semanal!
- Procura mantener la discusión activa, aunque esto pudiera significarles pasar más tiempo en algunas partes del estudio que en otras. De ser necesario, siéntete en libertad de desarrollar una lección en más de una sesión; sin embargo, recuerda evitar avanzar a un ritmo muy lento, puesto que es mejor que cada uno sienta haber contribuido a la discusión semanal——en otras palabras: "que deseen más"——a que se retiren por falta de interés.
- Si las respuestas del grupo no te parecen adecuadas, puedes recordarles cortésmente que deben mantenerse enfocados en la verdad de las Escrituras; su meta es aprender lo que la Biblia dice, y no el adaptarse a filosofías humanas. Sujétense únicamente a las Escrituras, y permitan que Dios sea quien les hable ¡Su Palabra es verdad (Juan 17:17)!